Ce cahier de coloriage appartient au pilote :

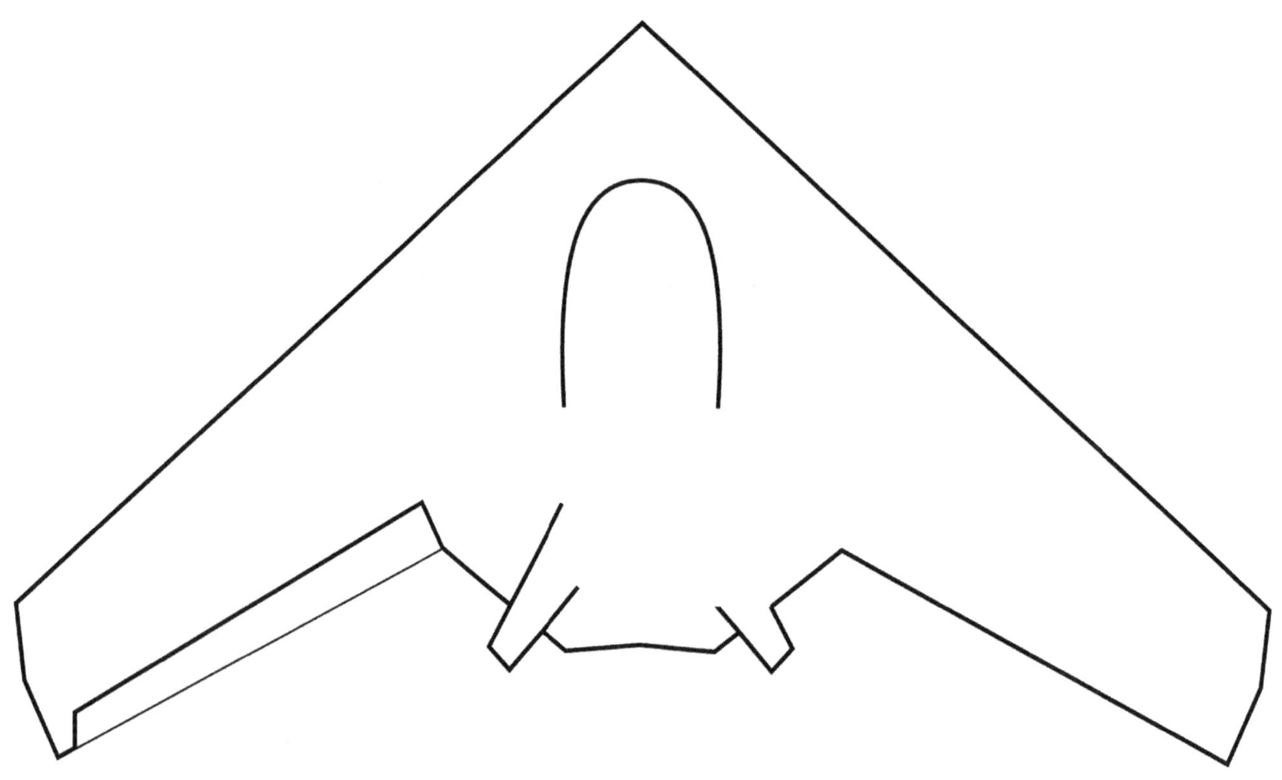

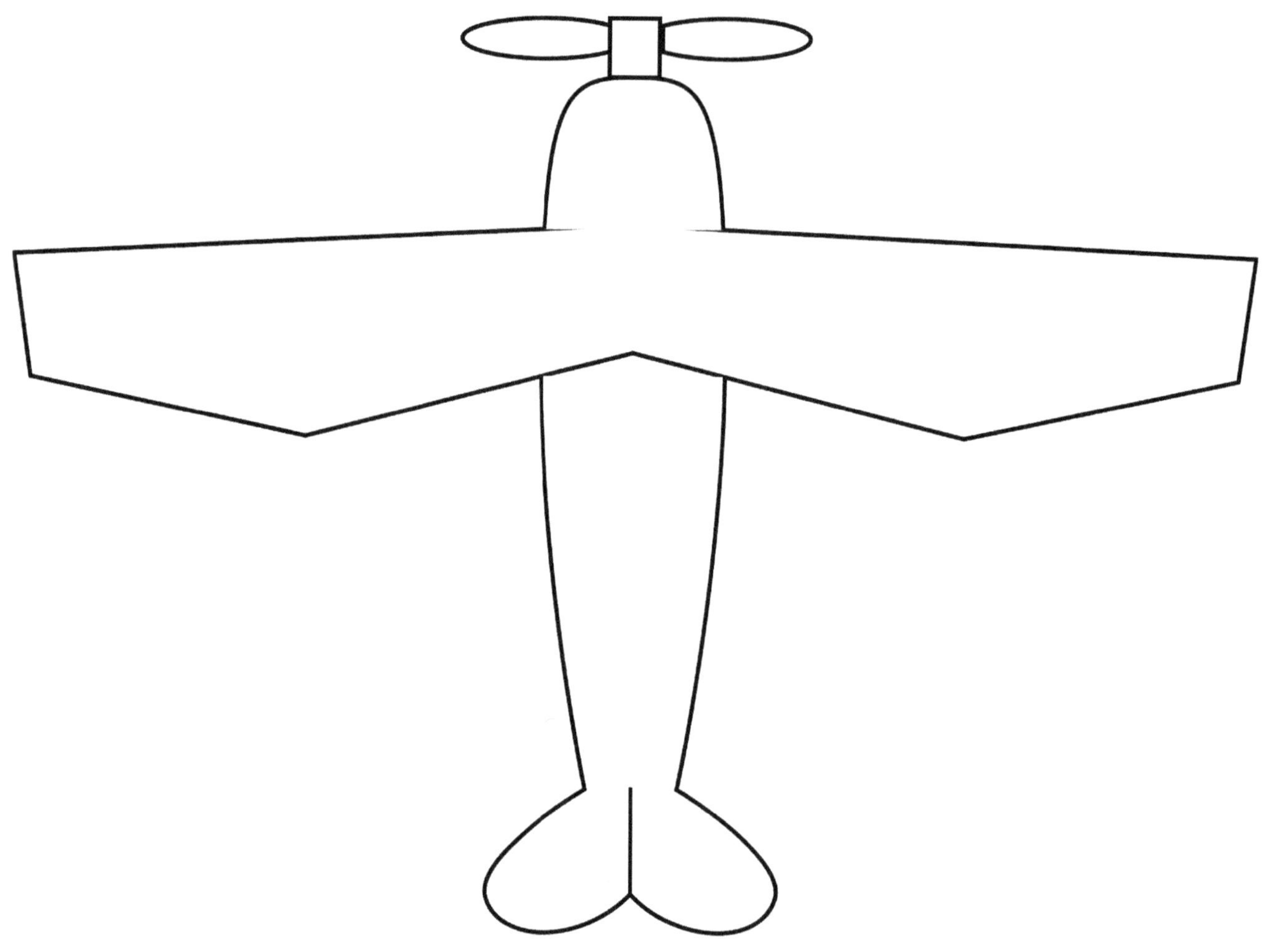

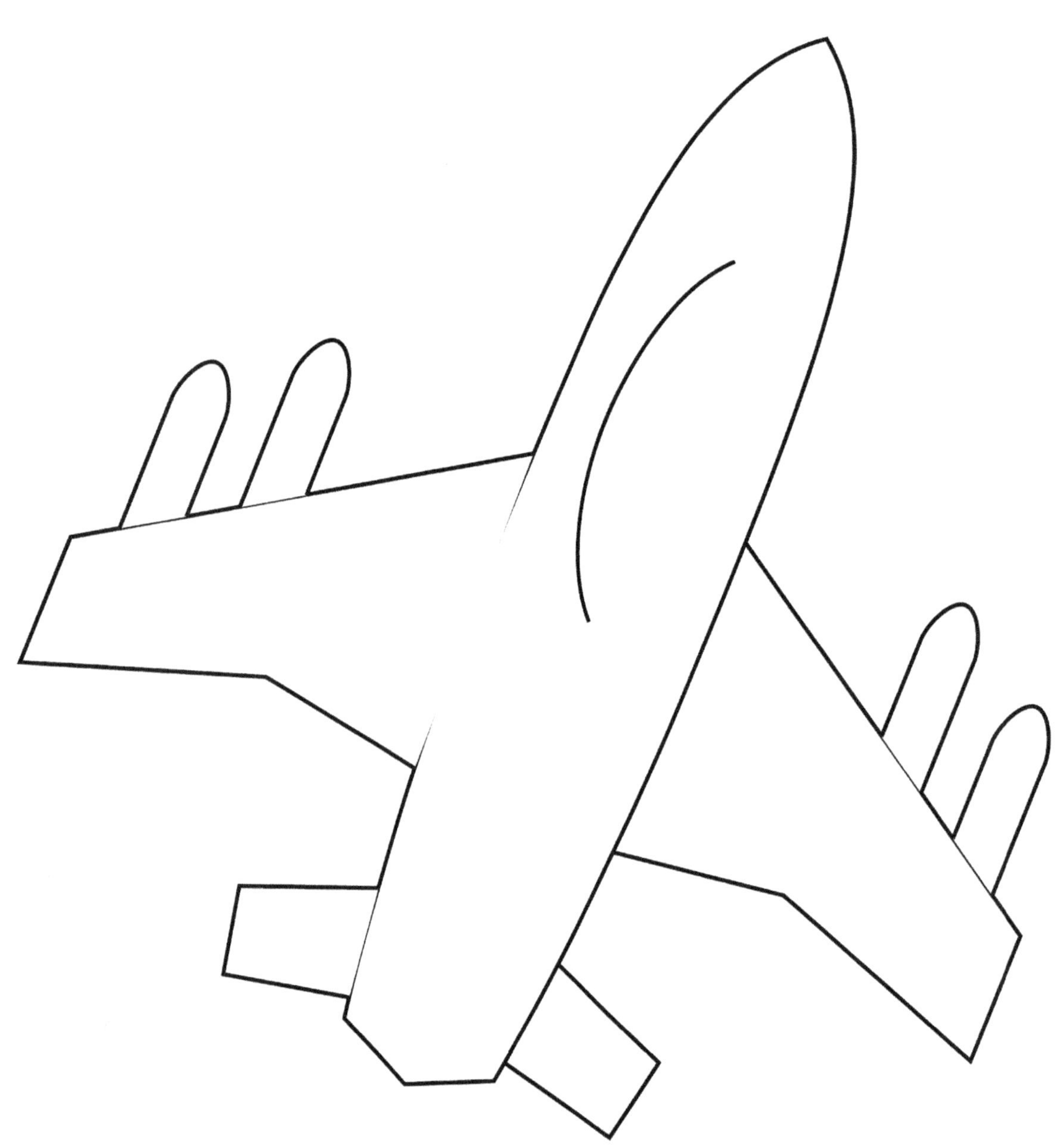

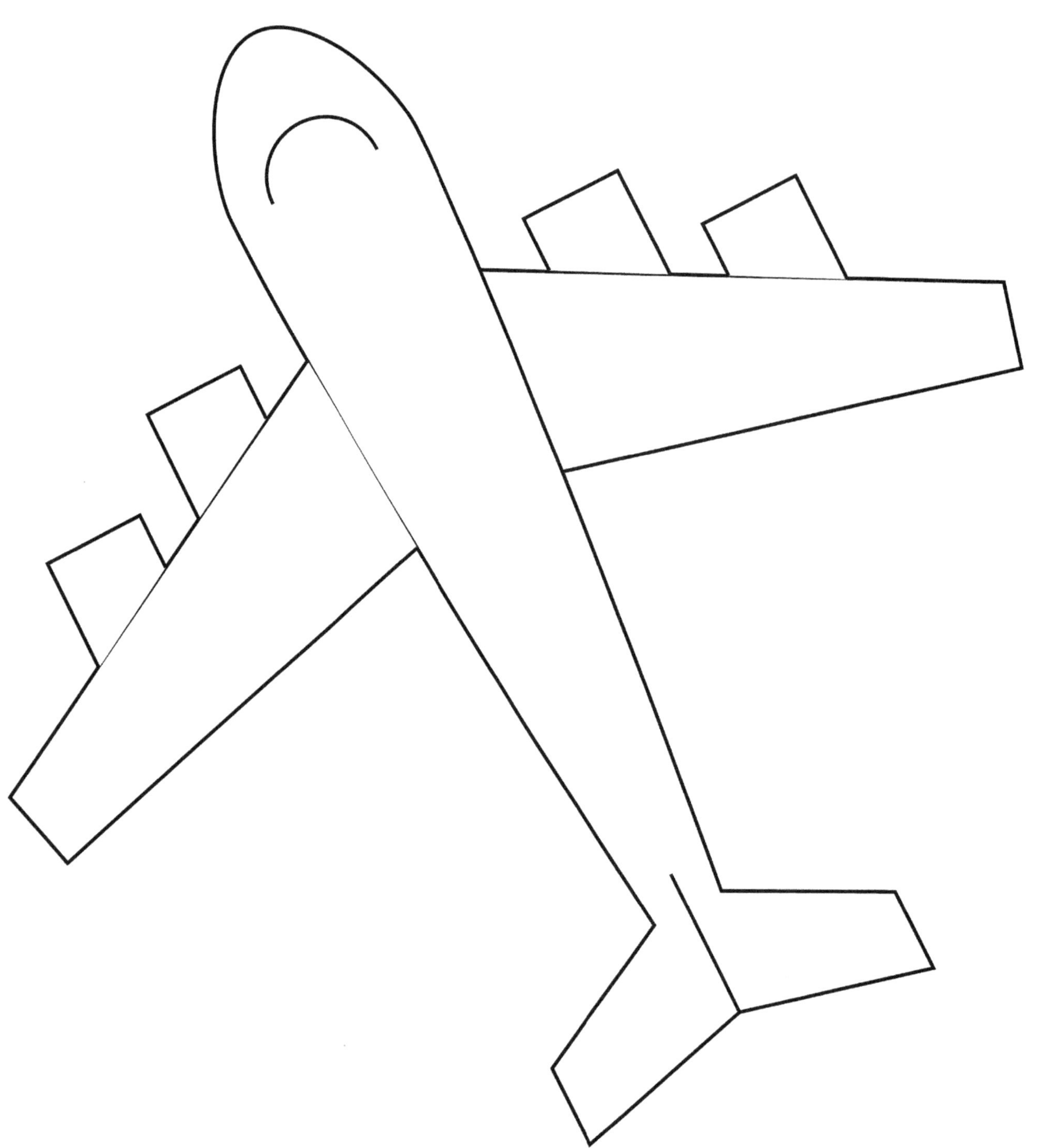

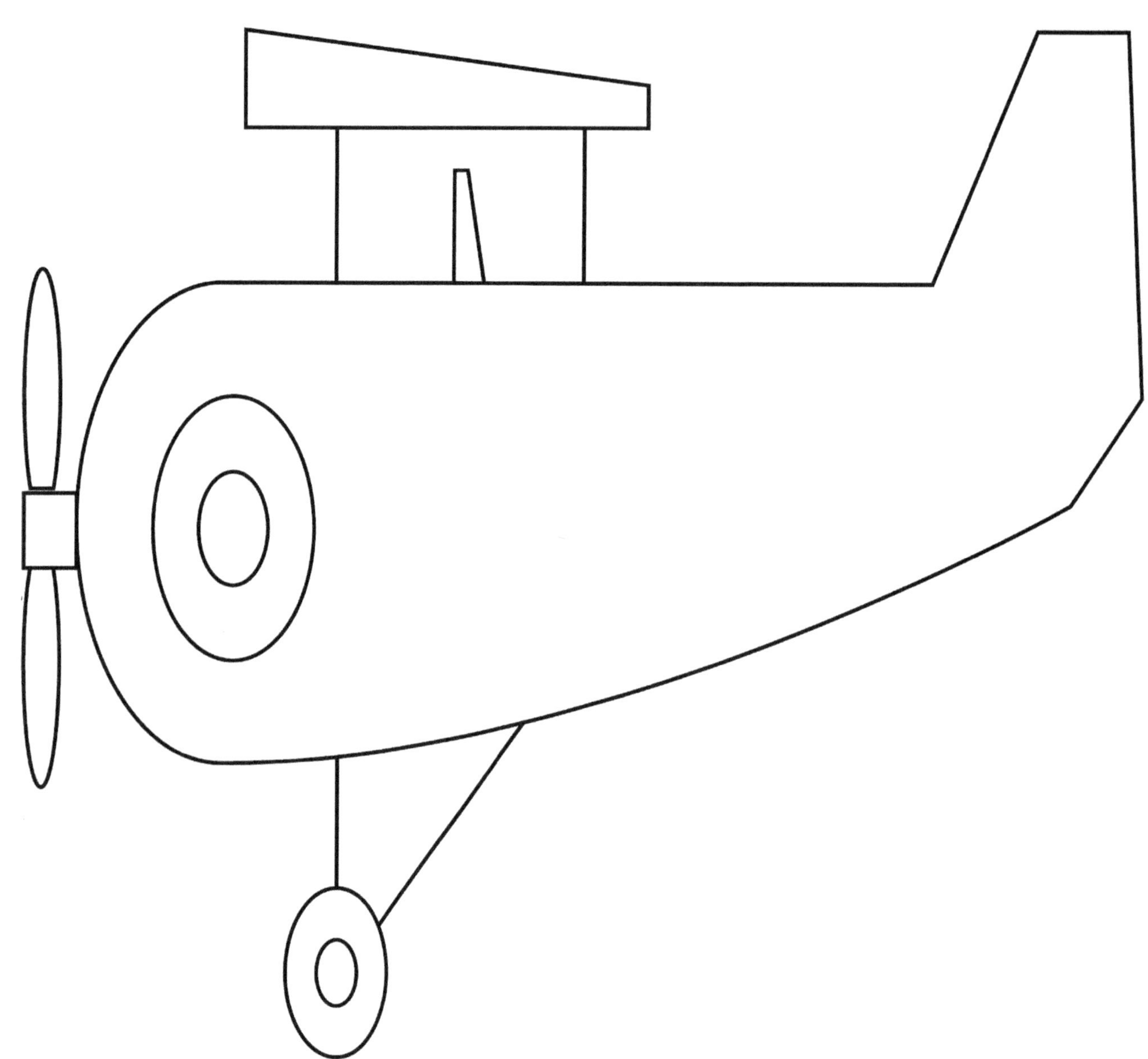

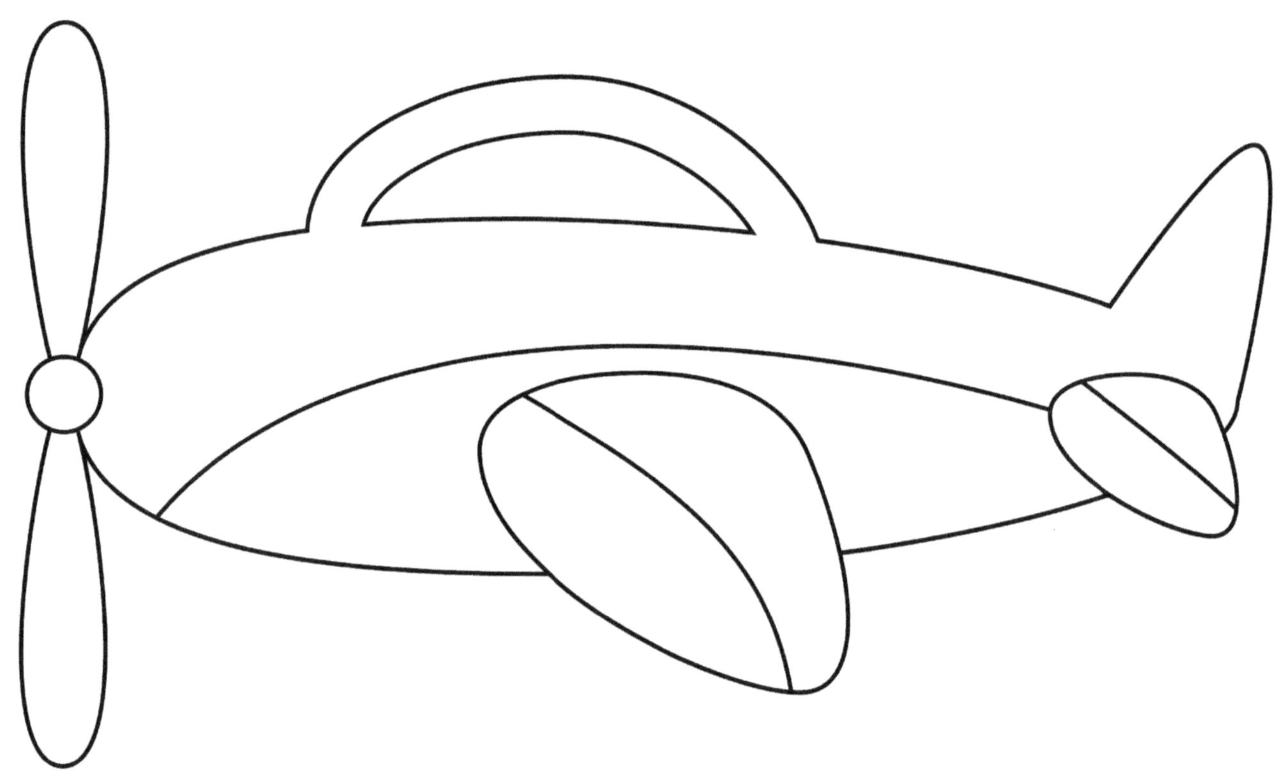

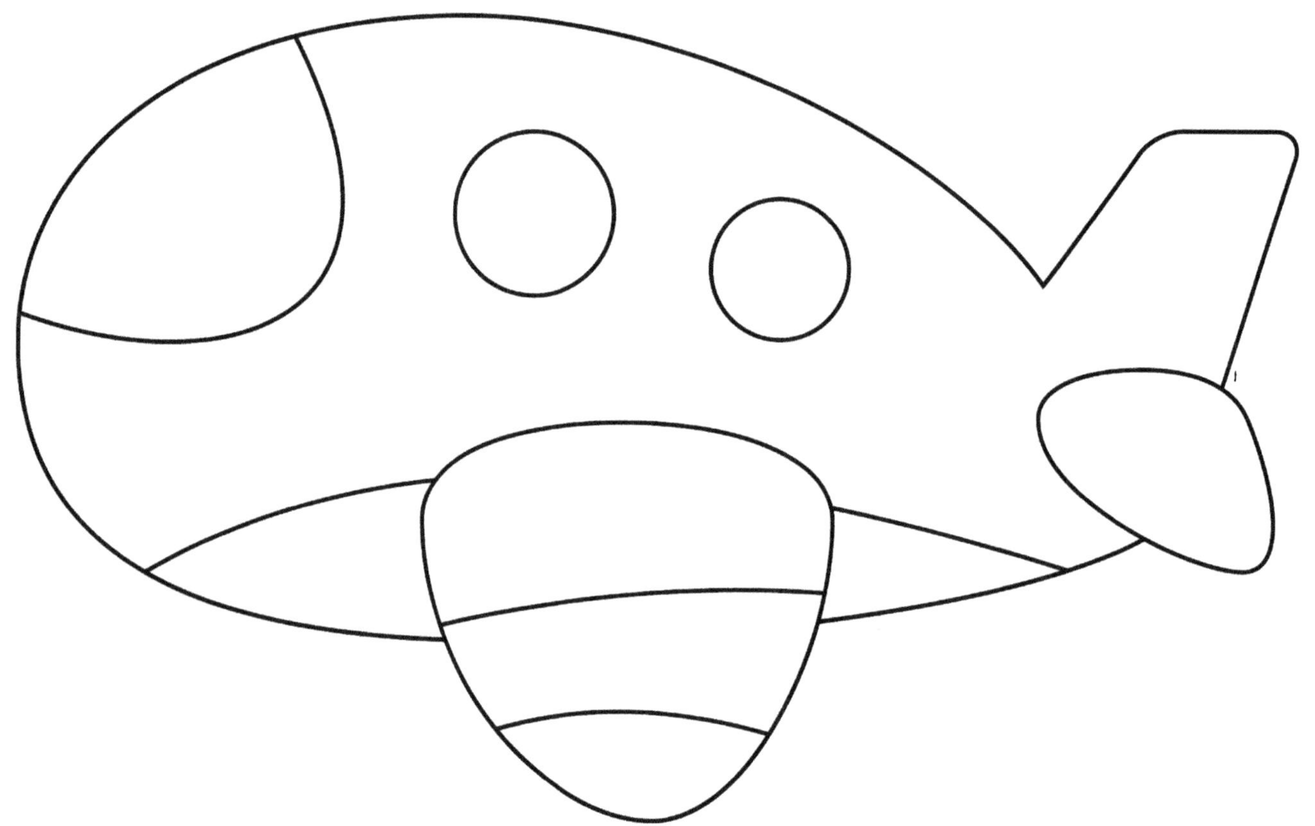

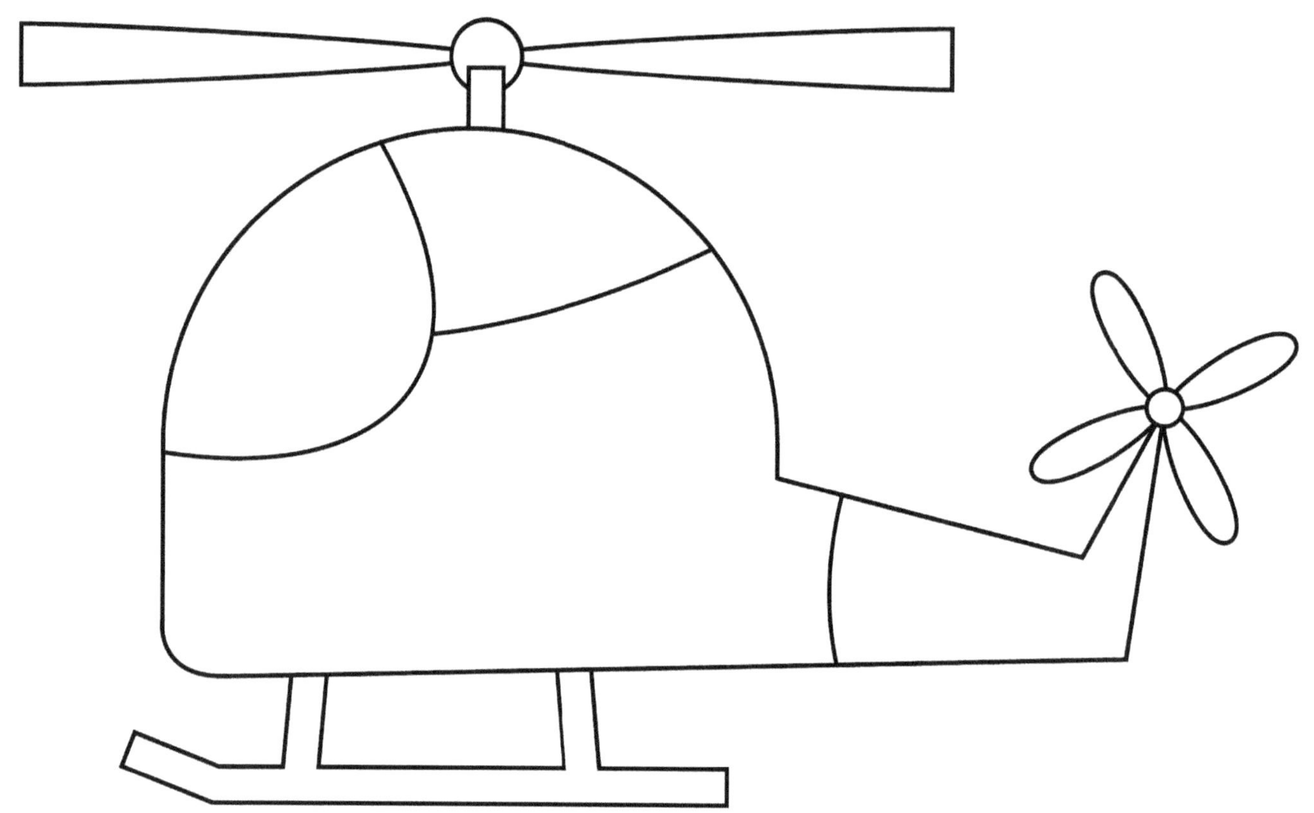

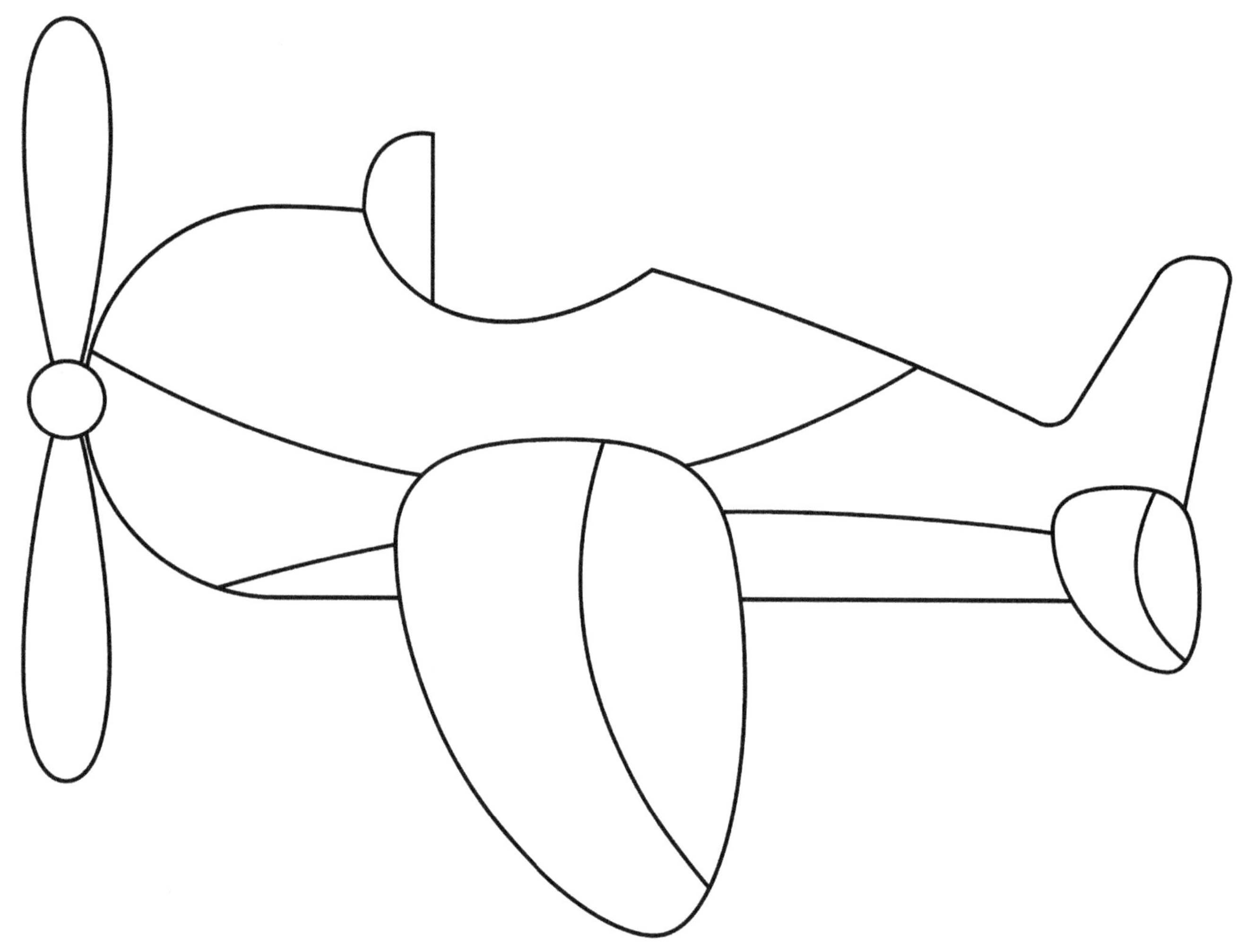

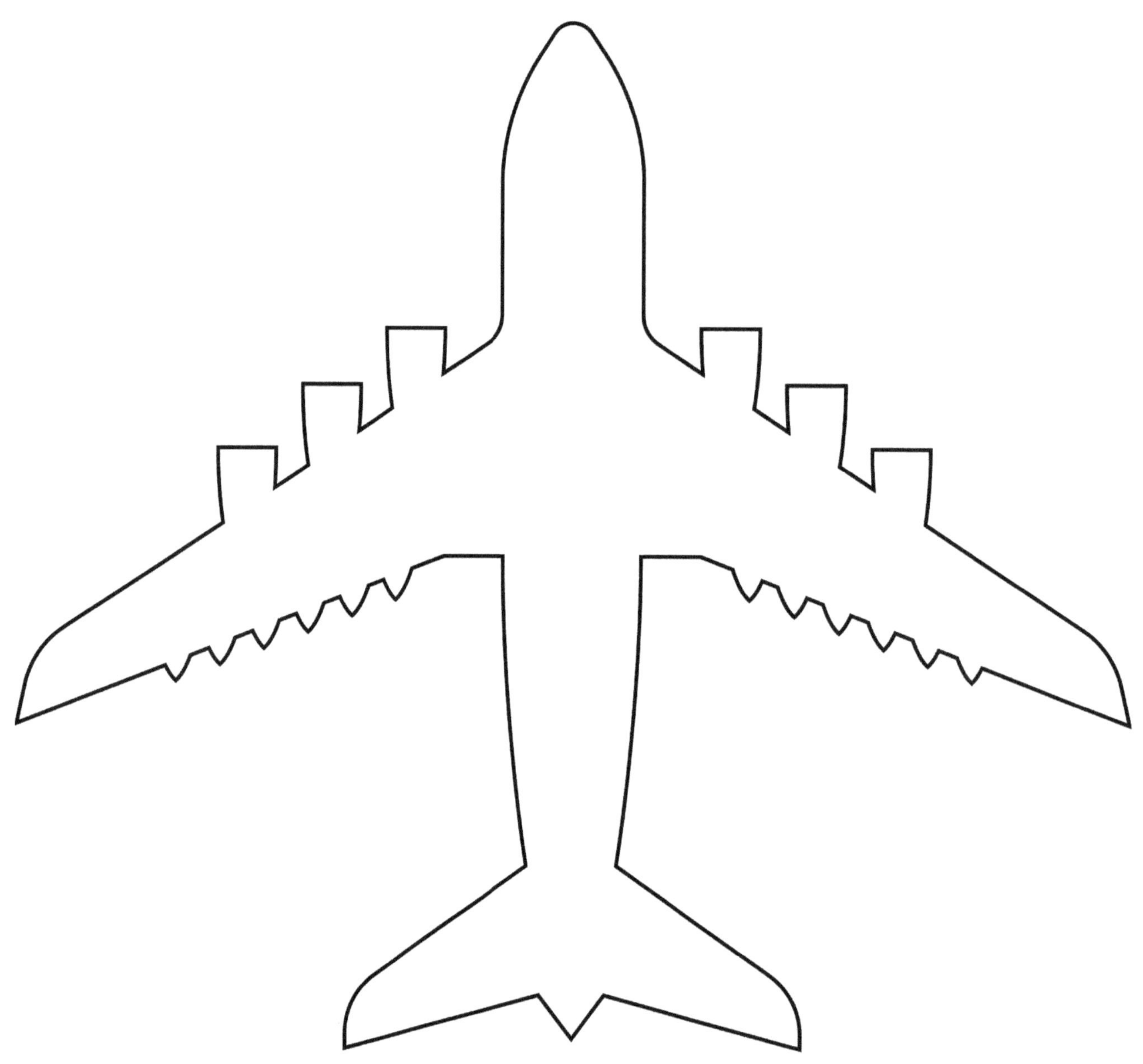

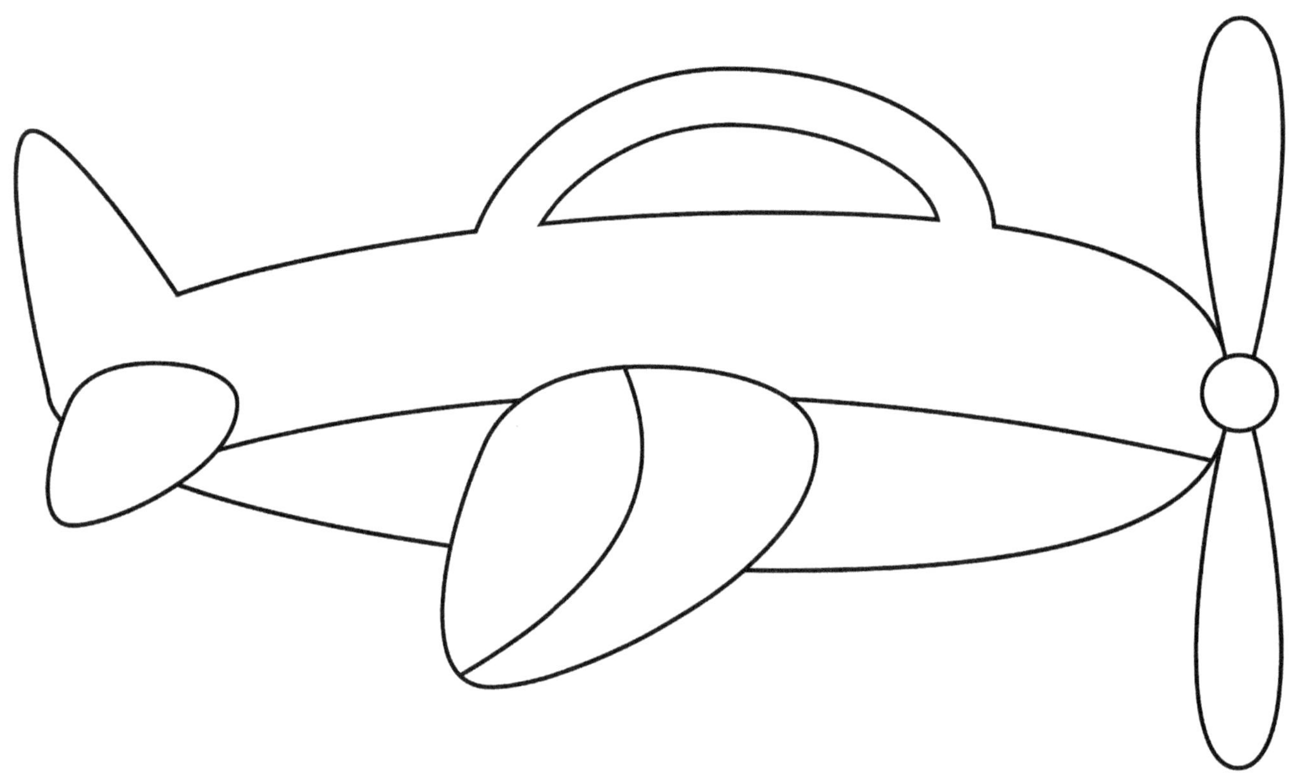

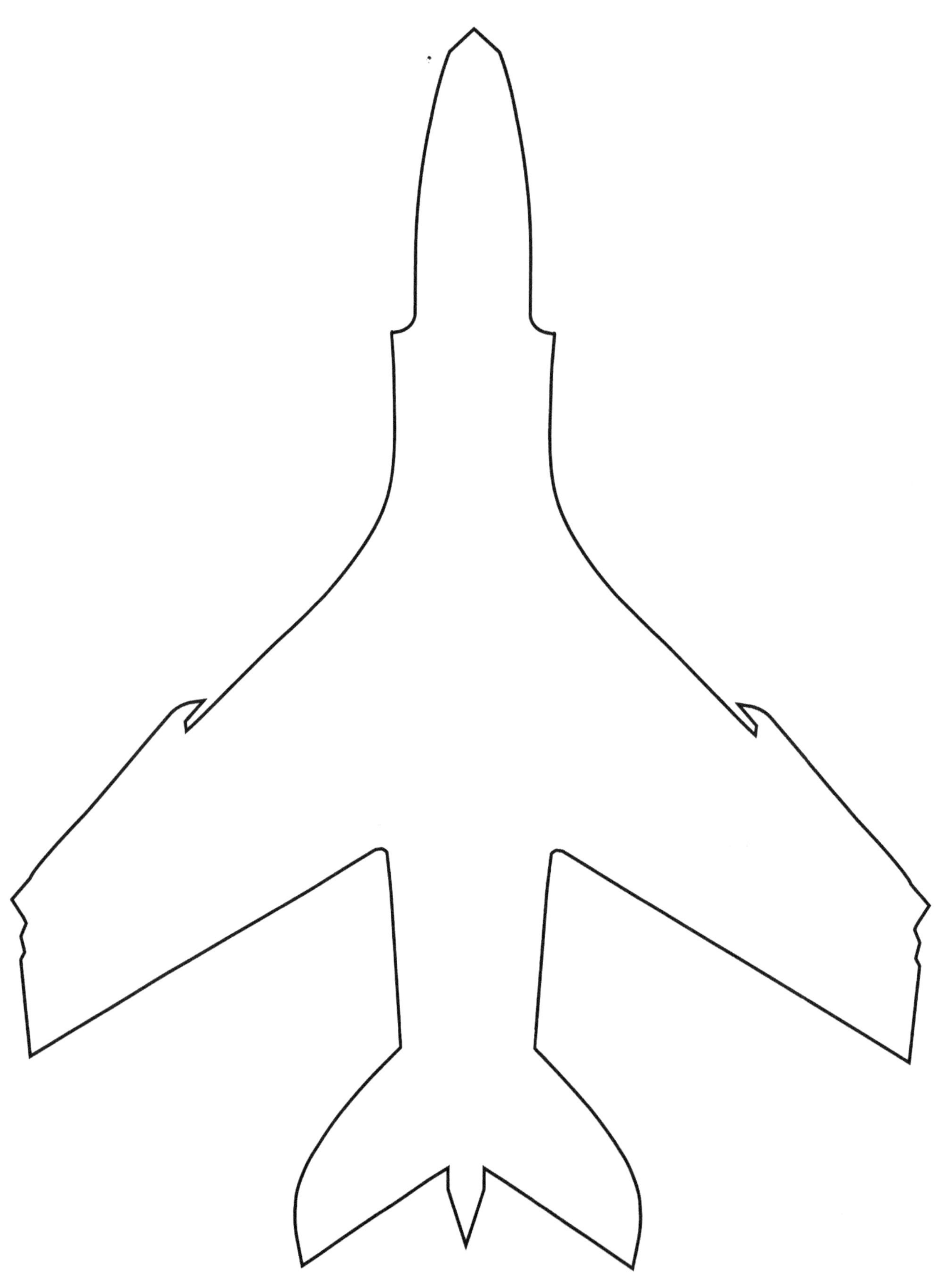

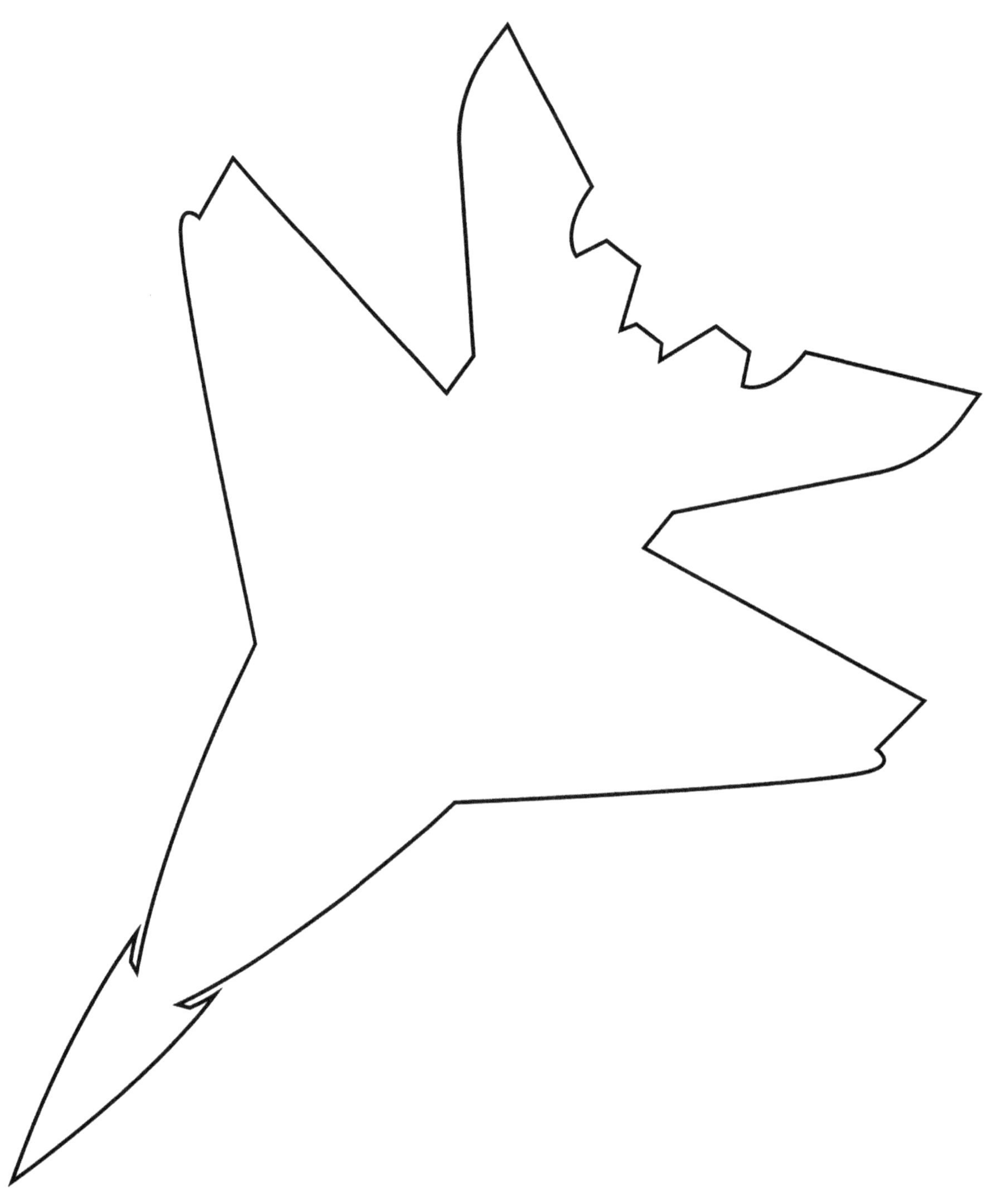

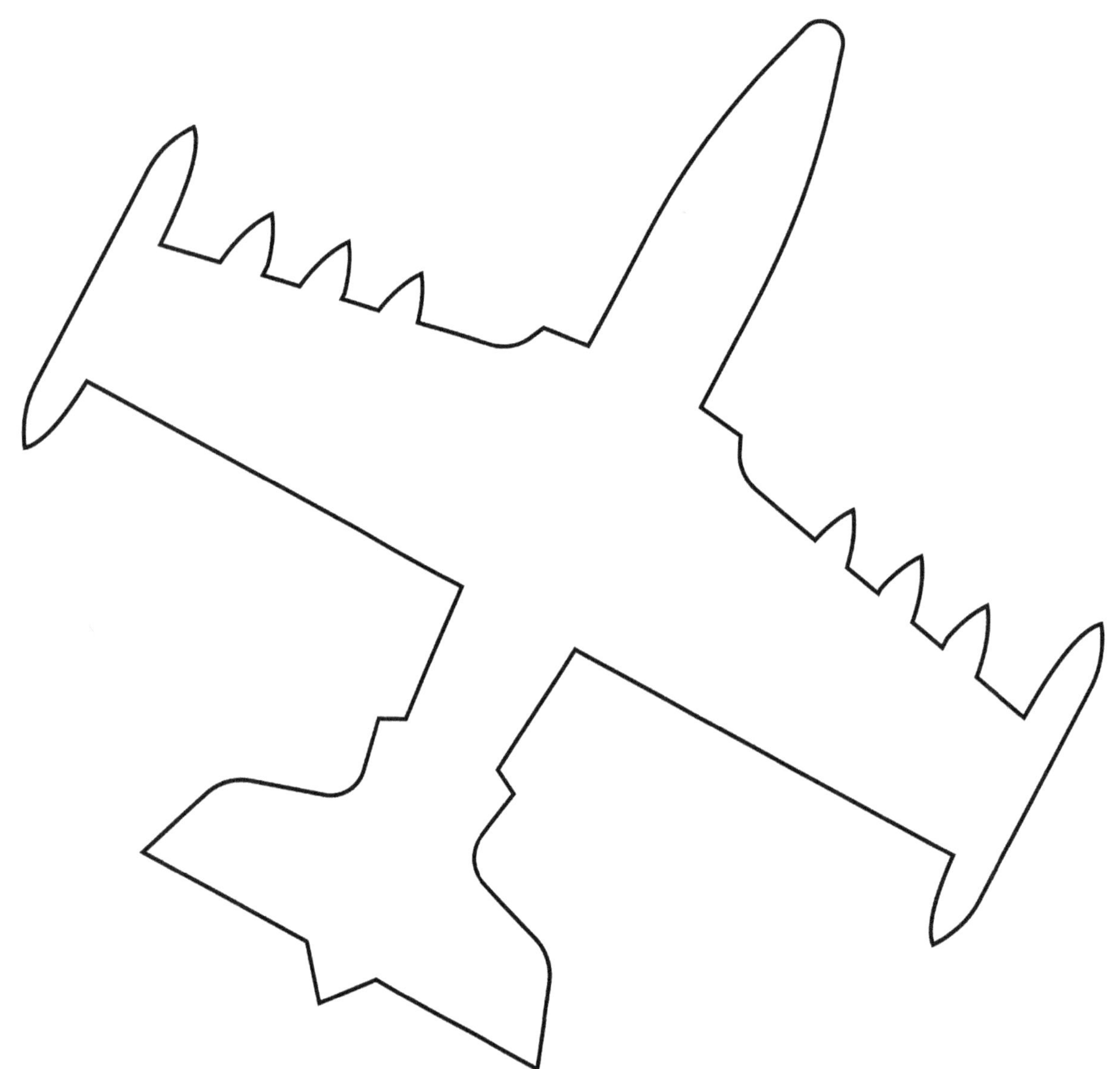

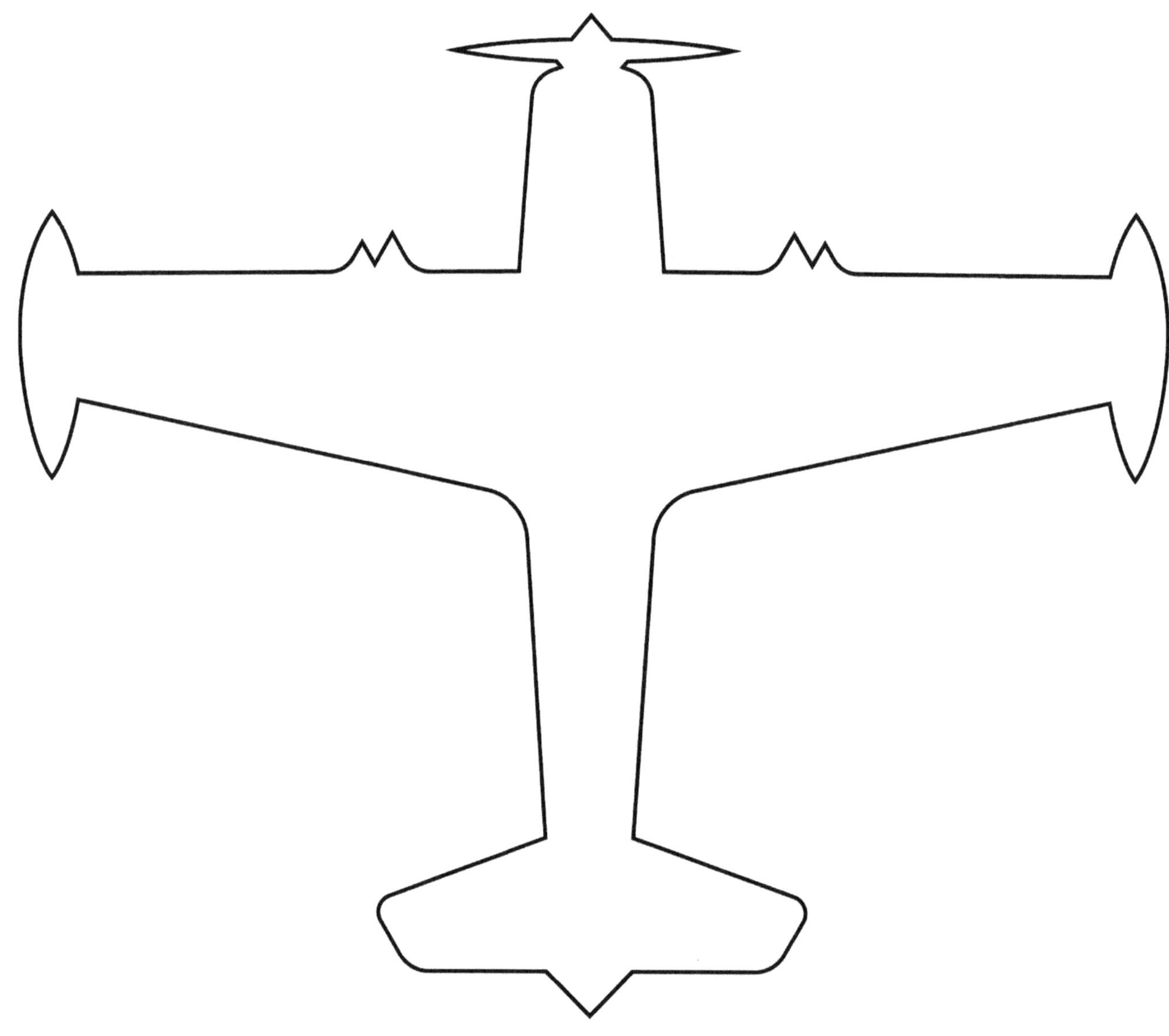

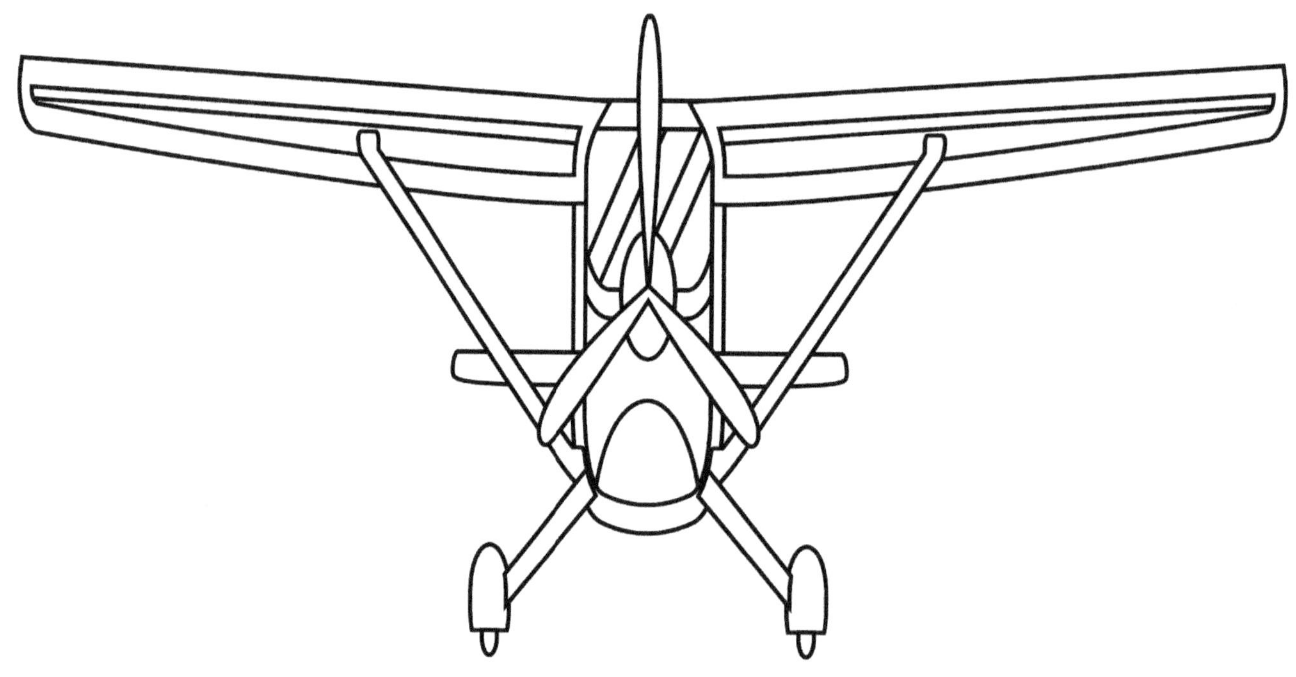

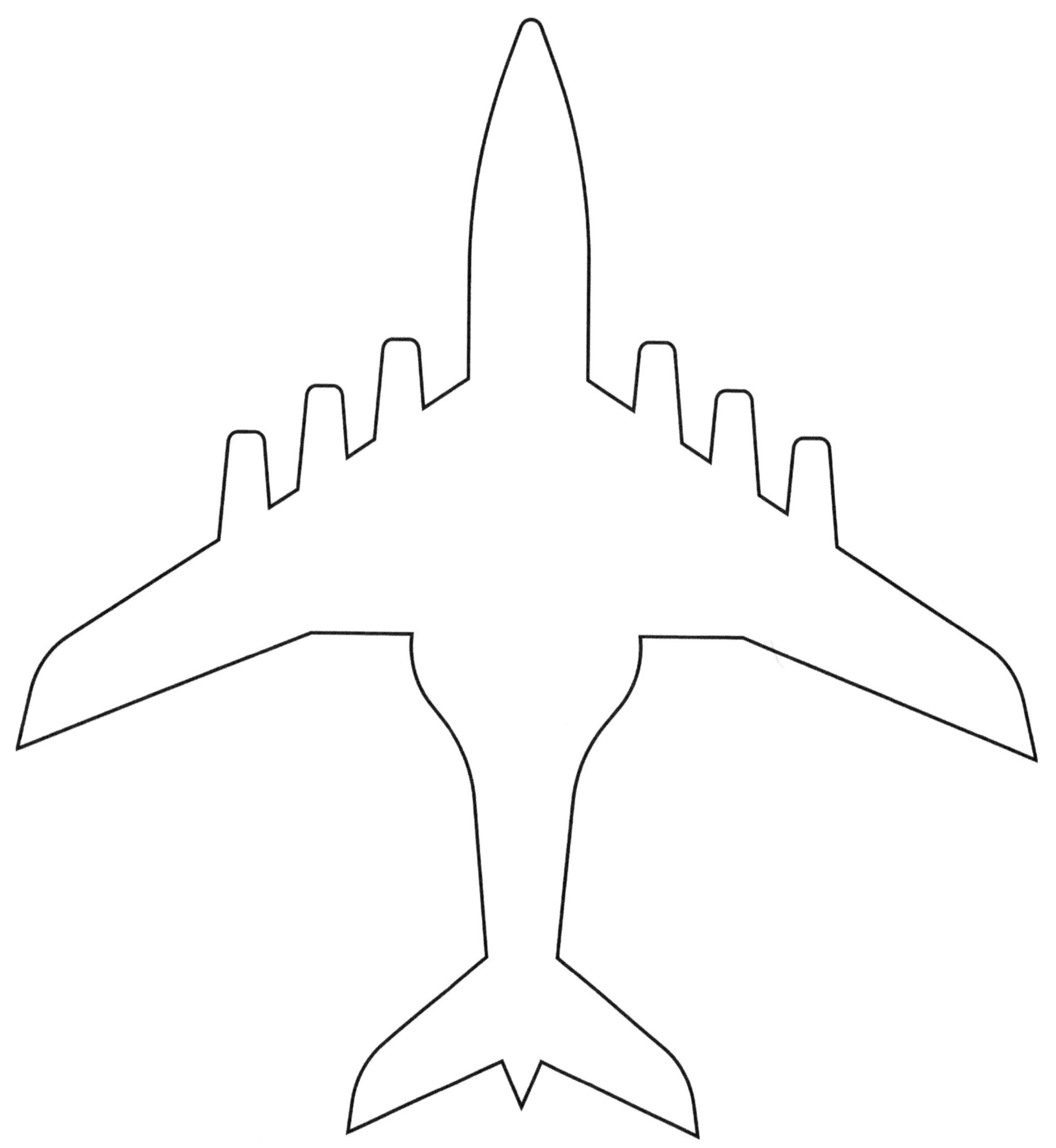

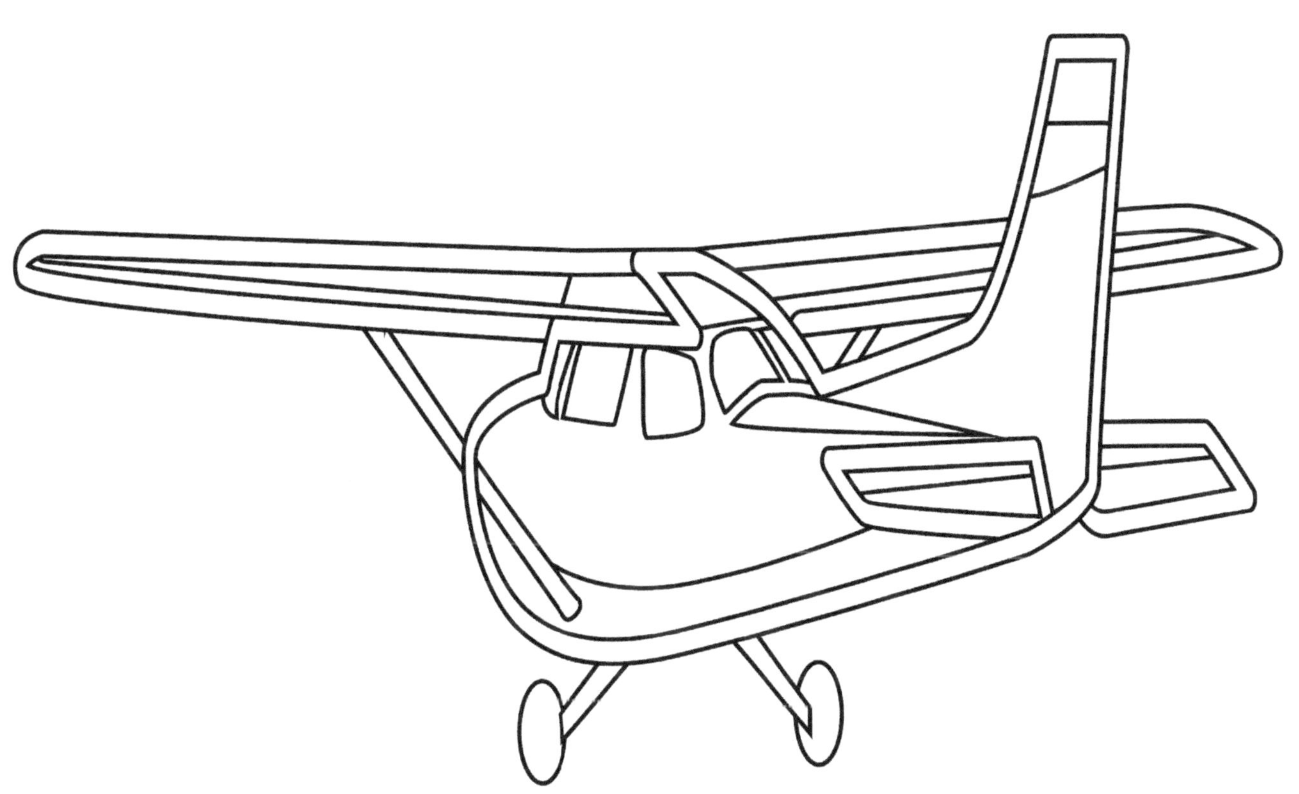

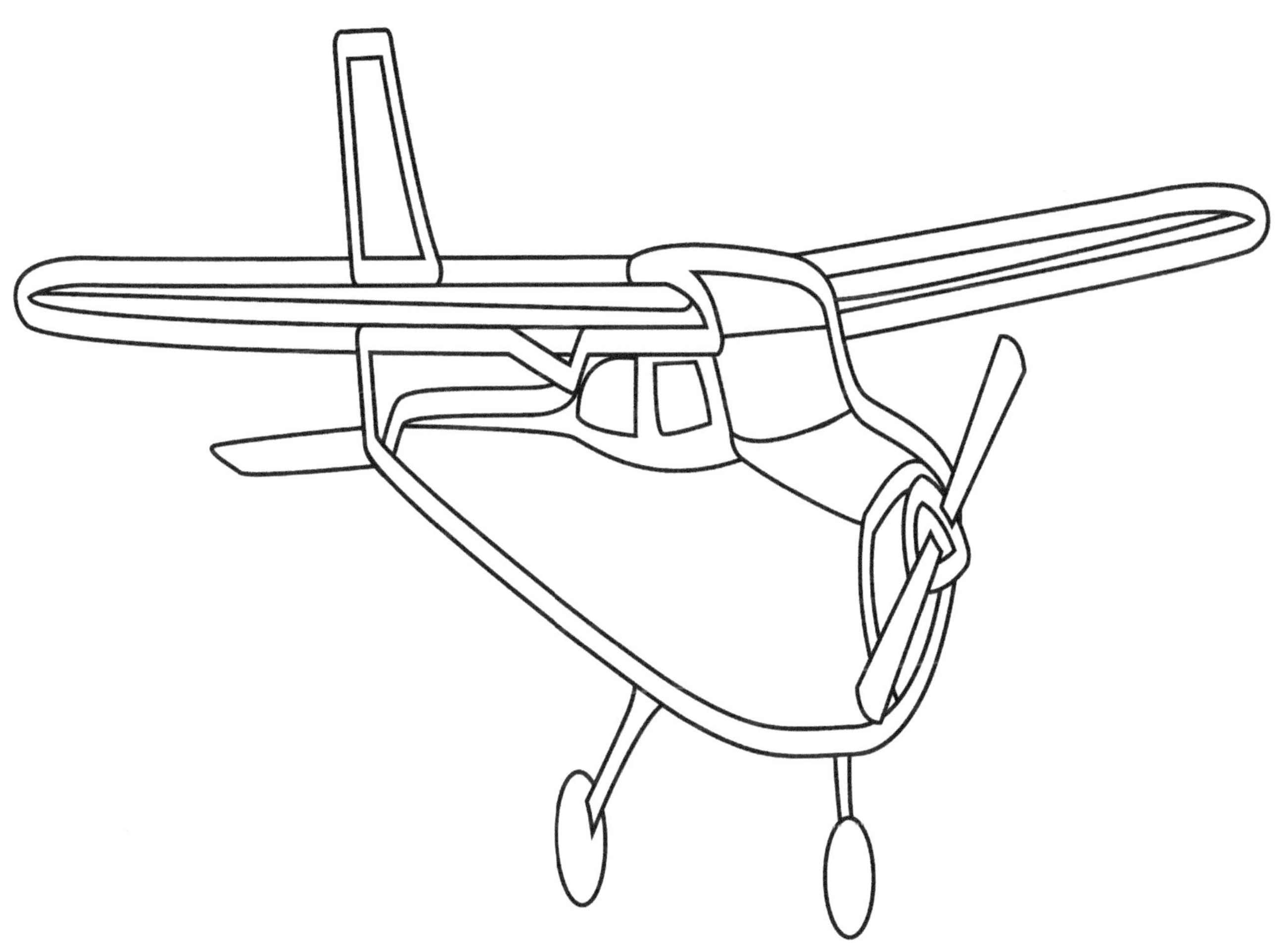

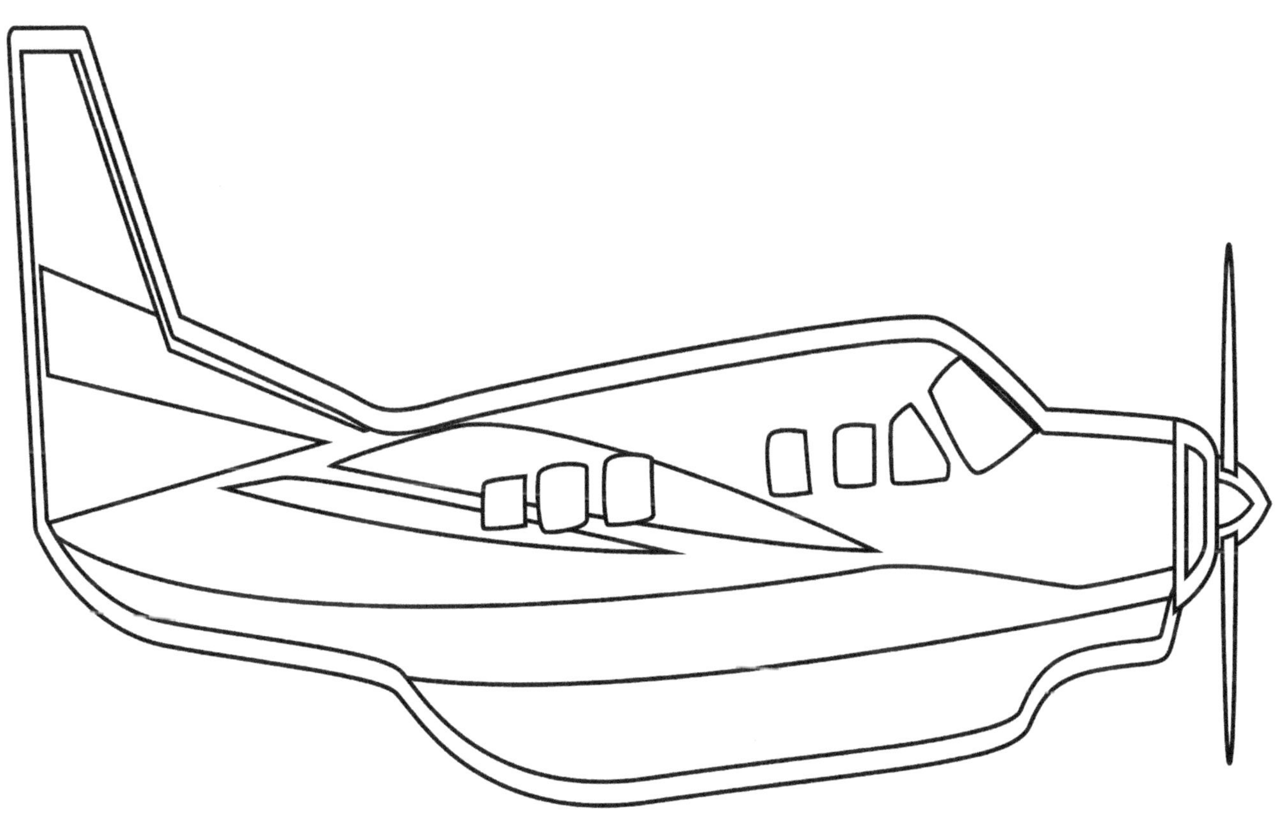

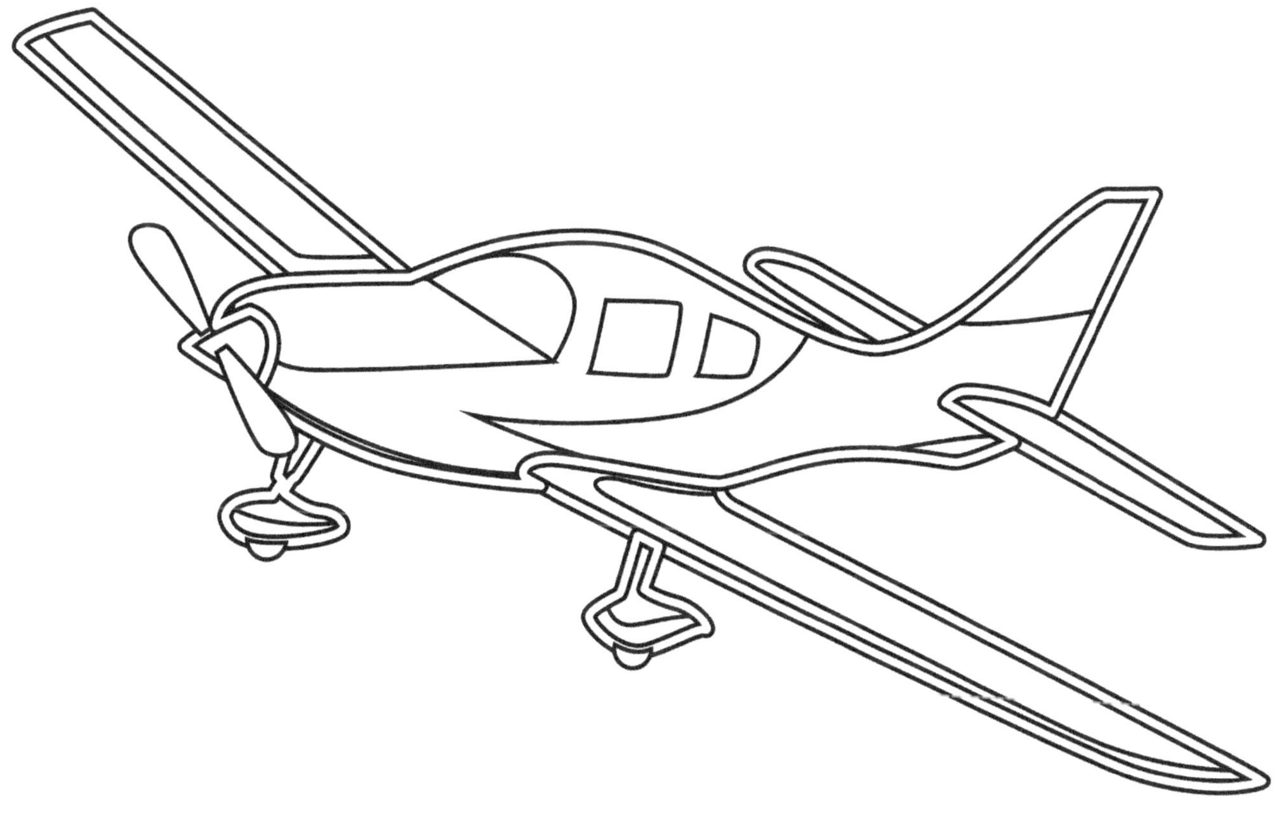

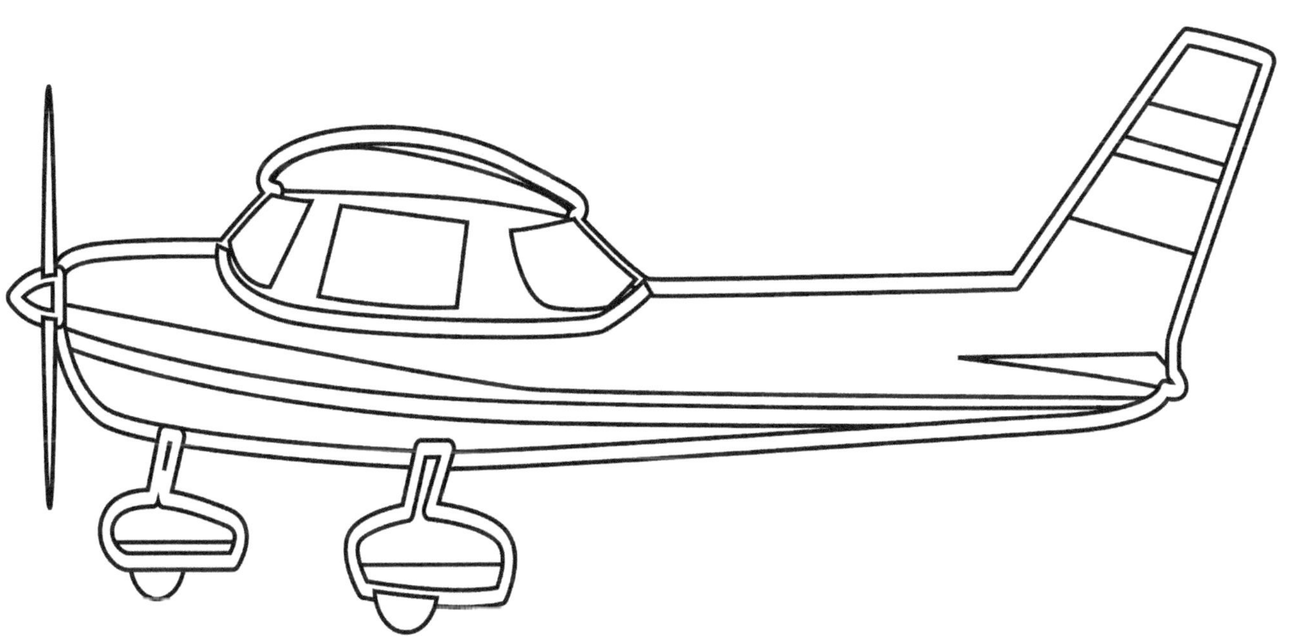

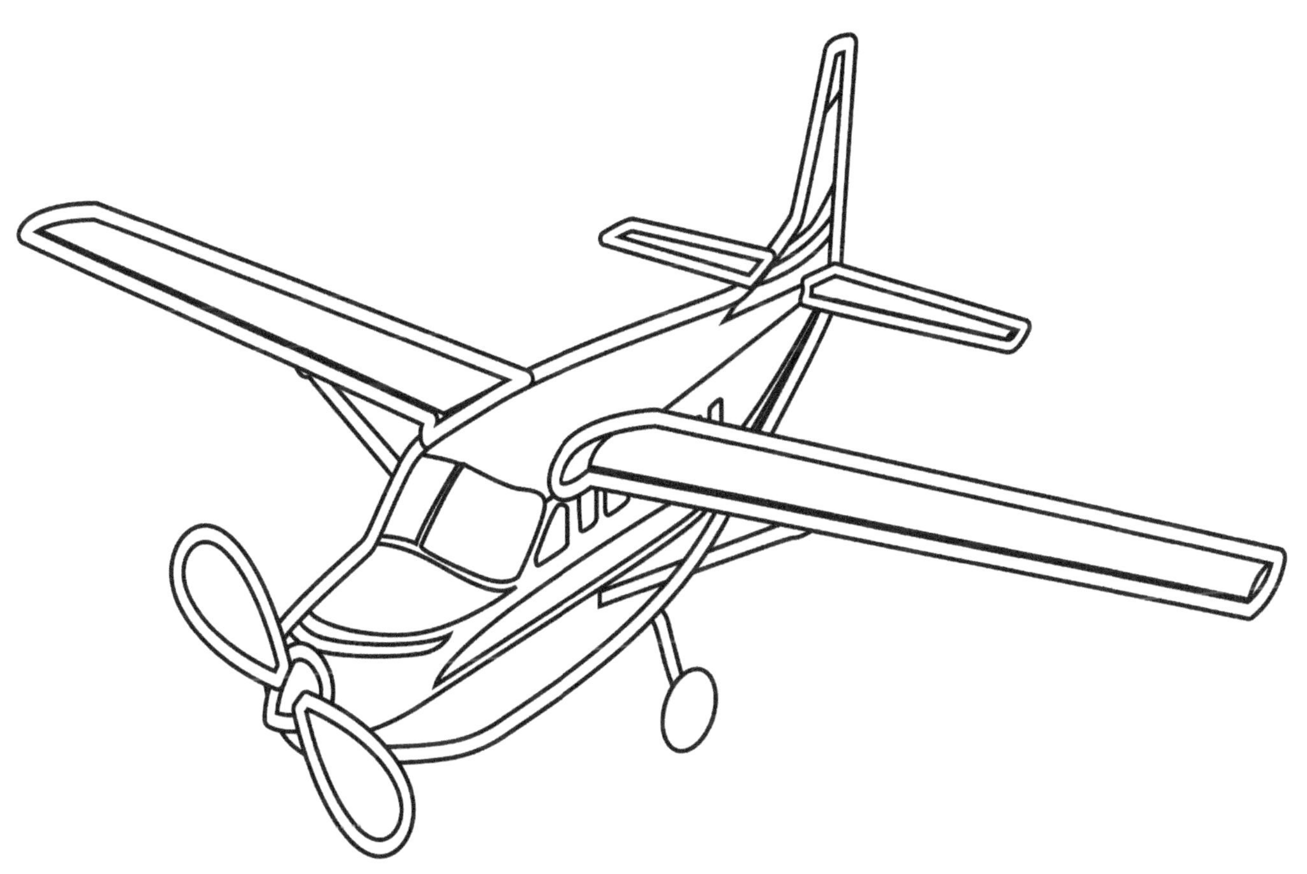

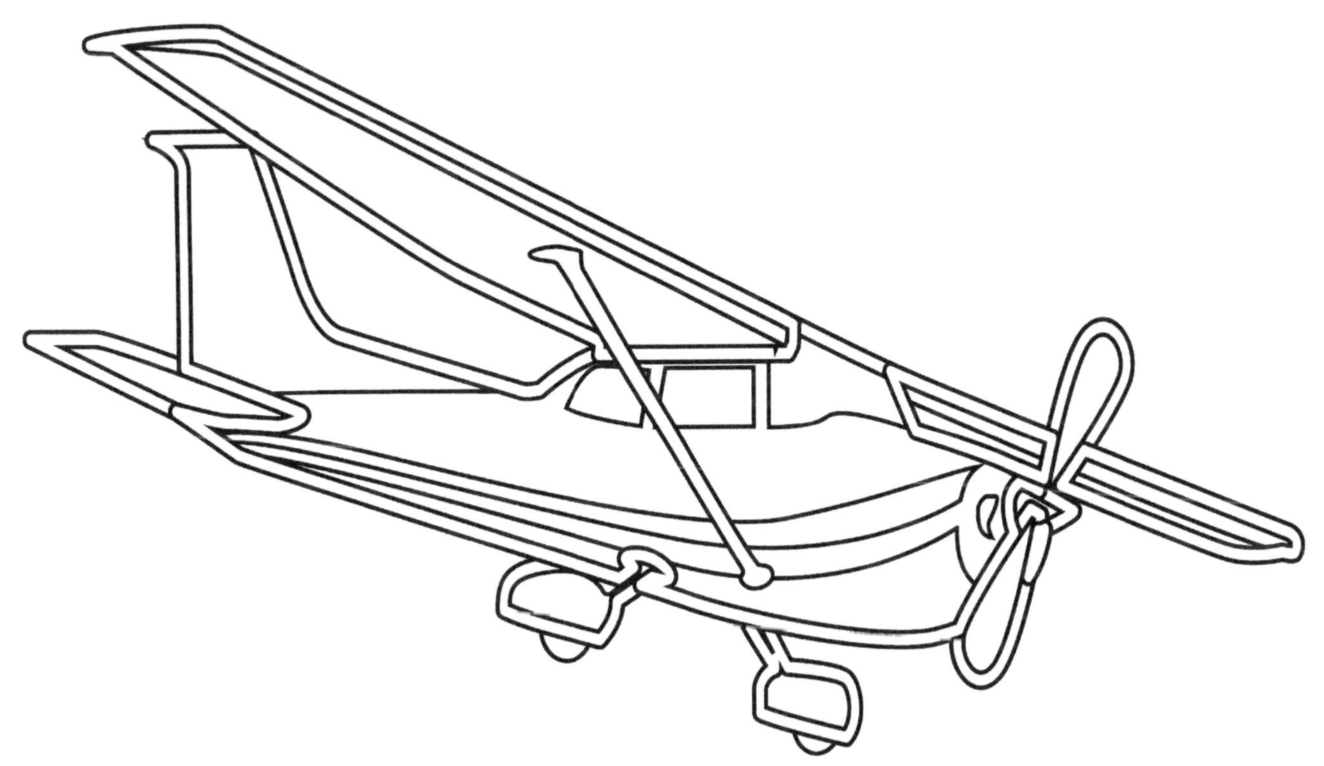

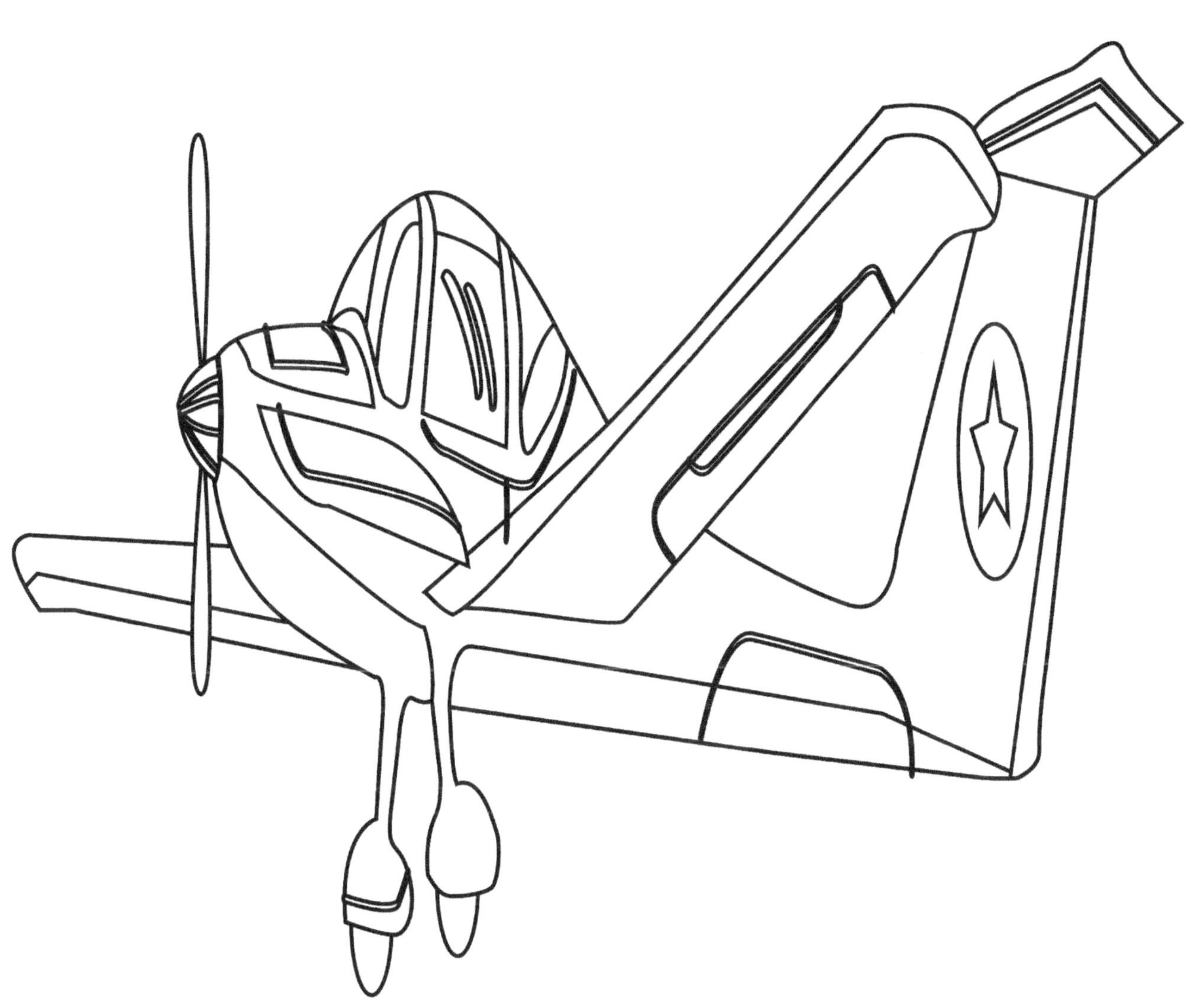

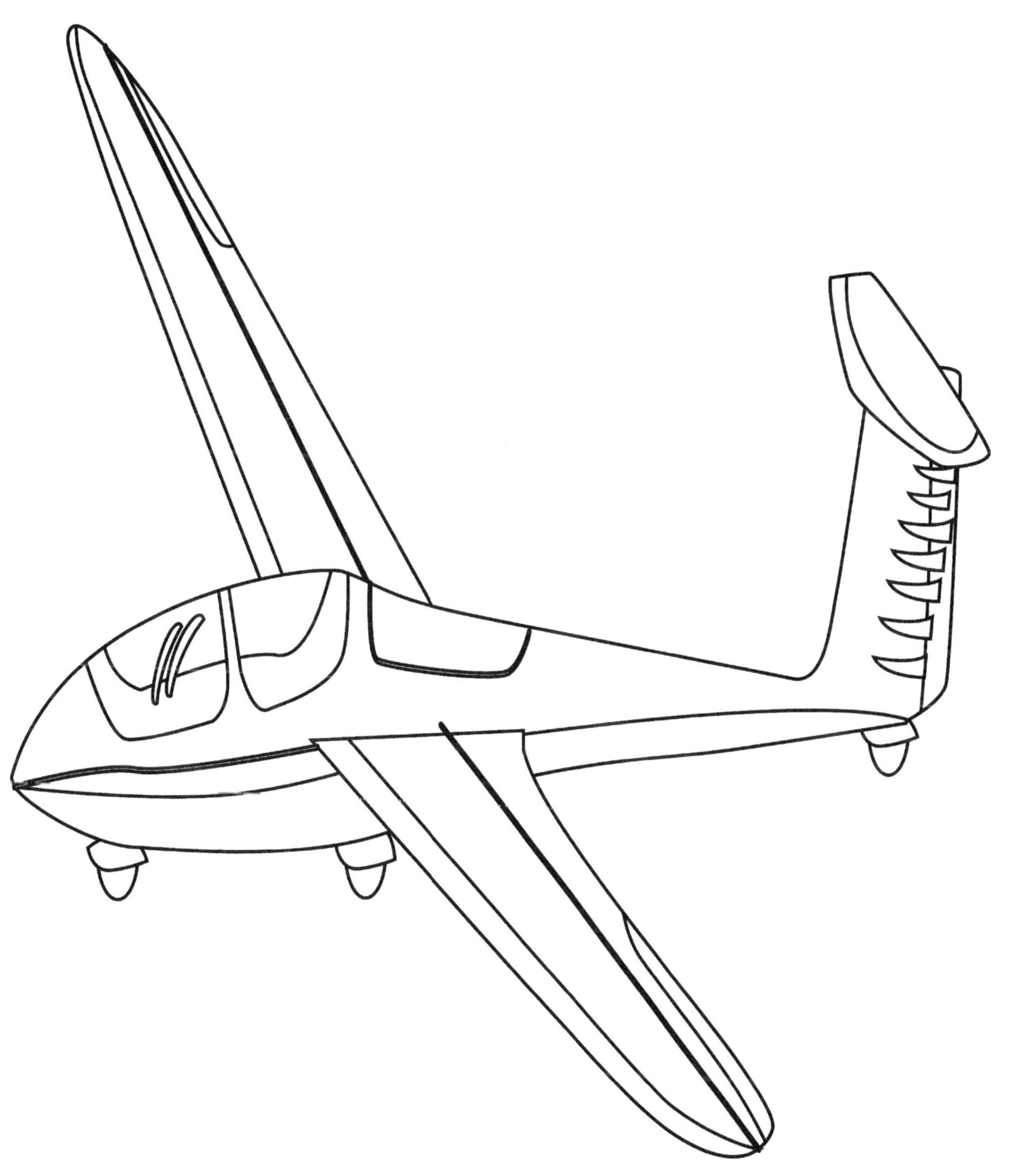

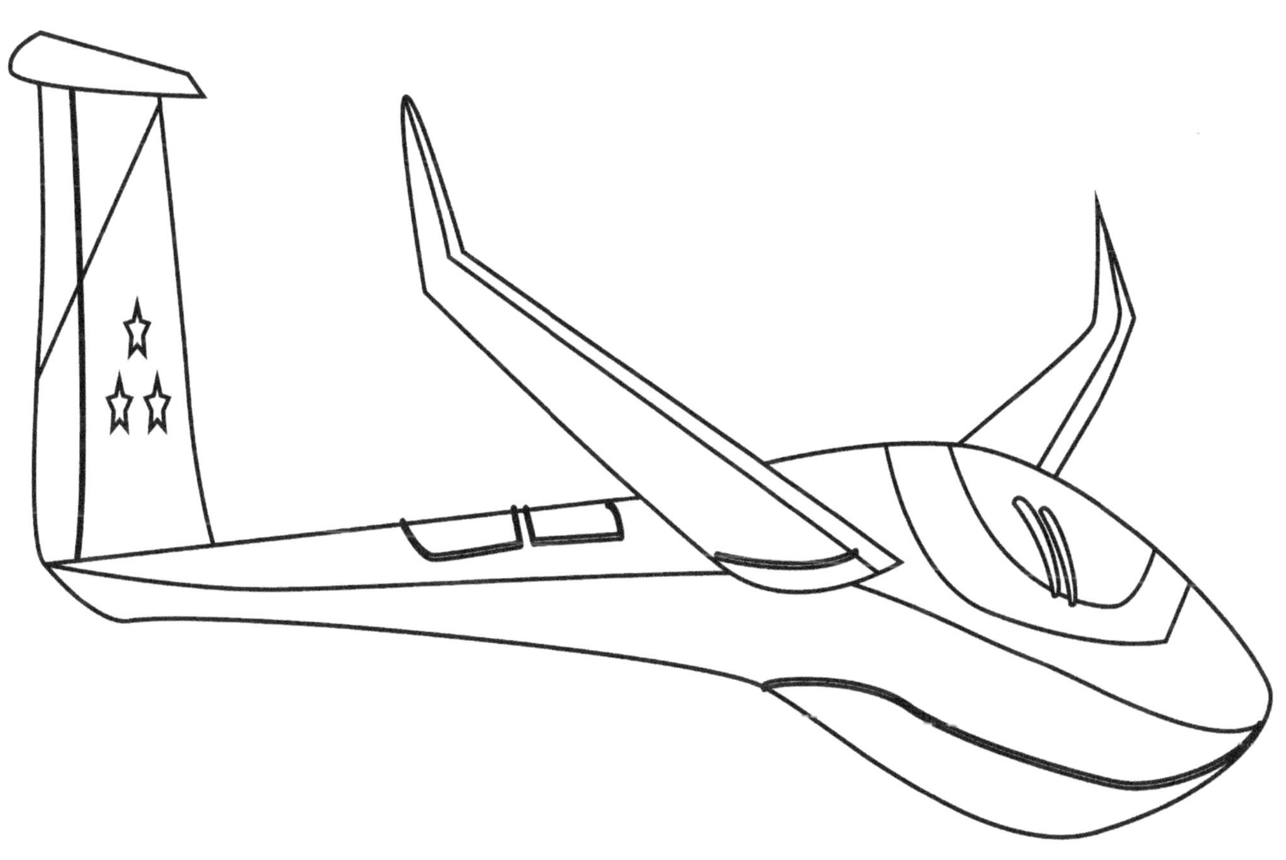

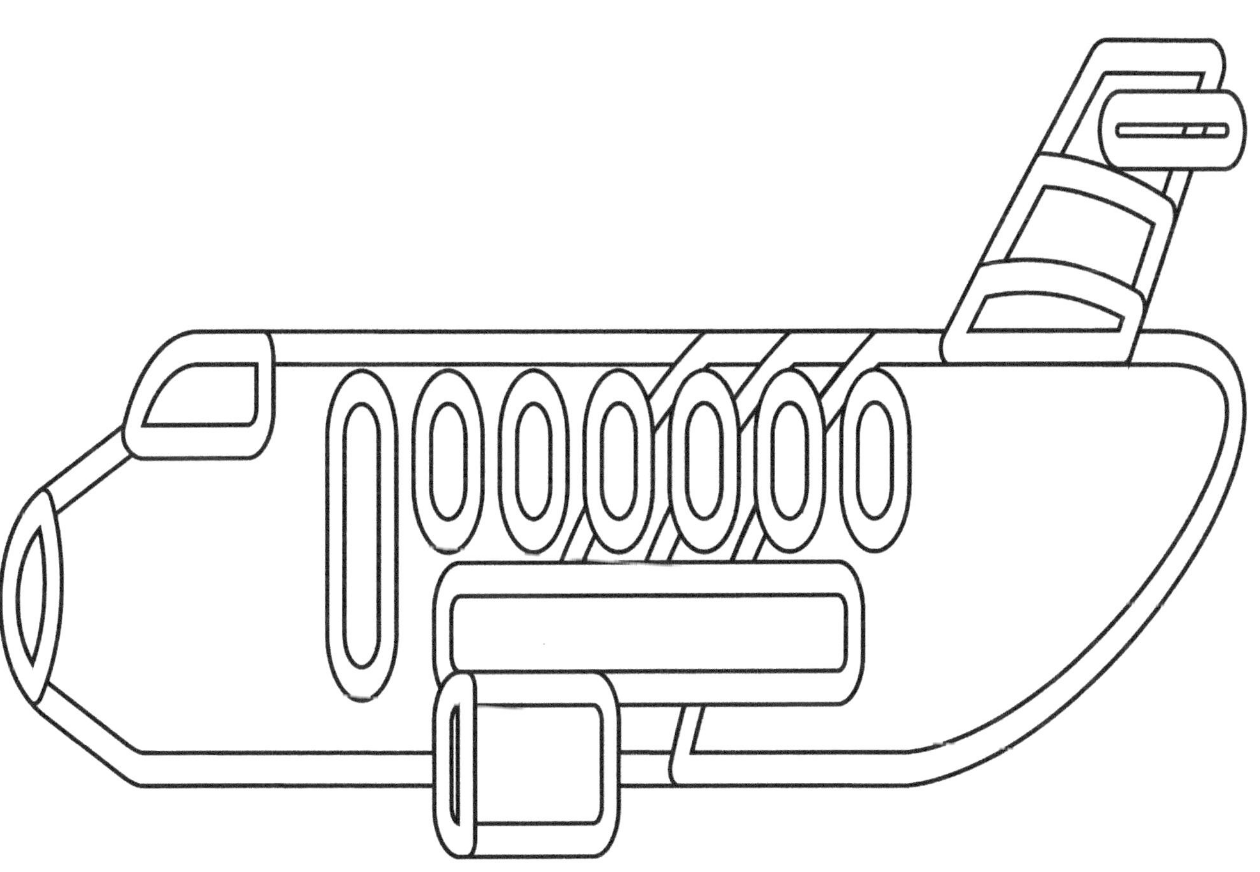

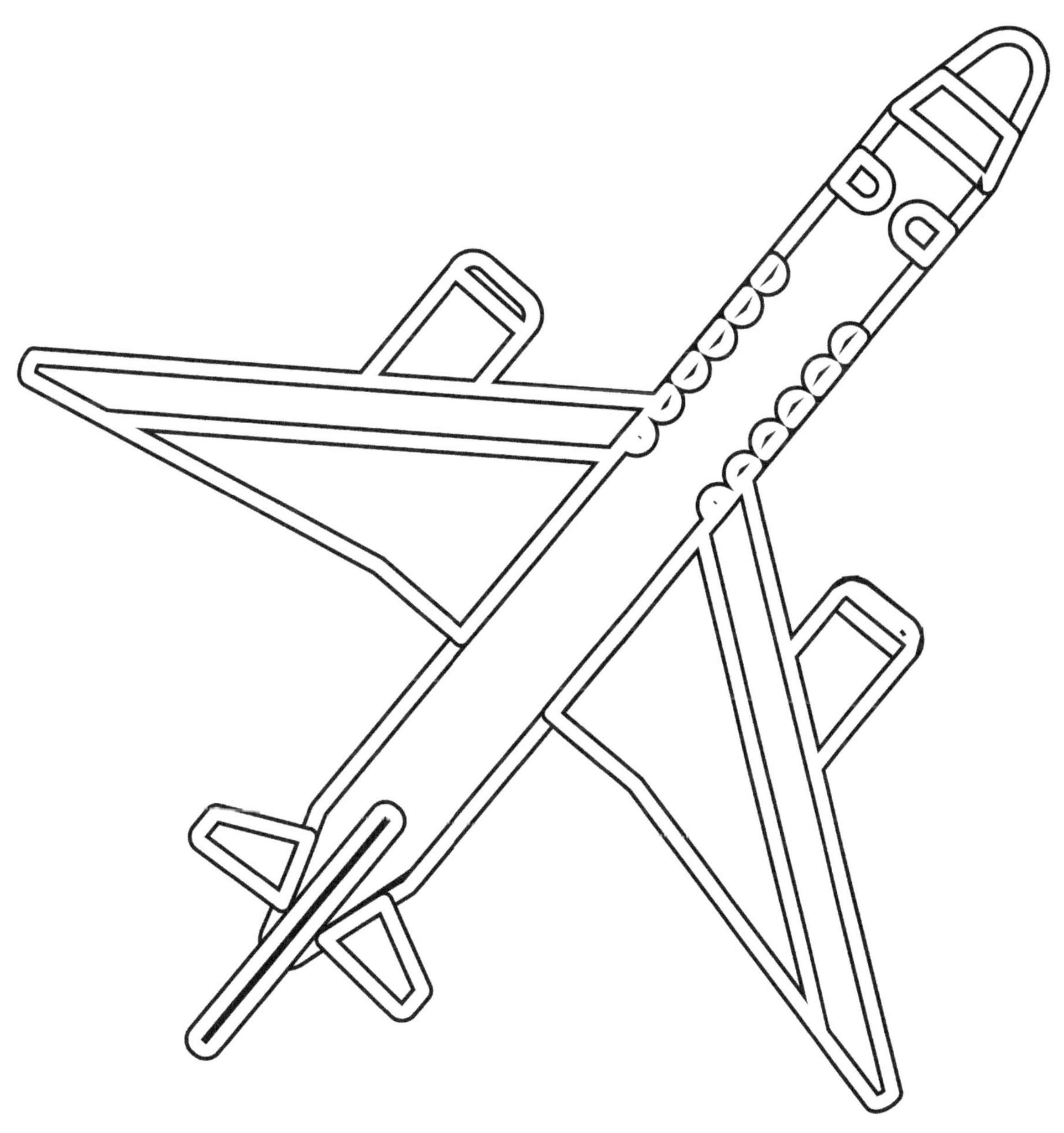

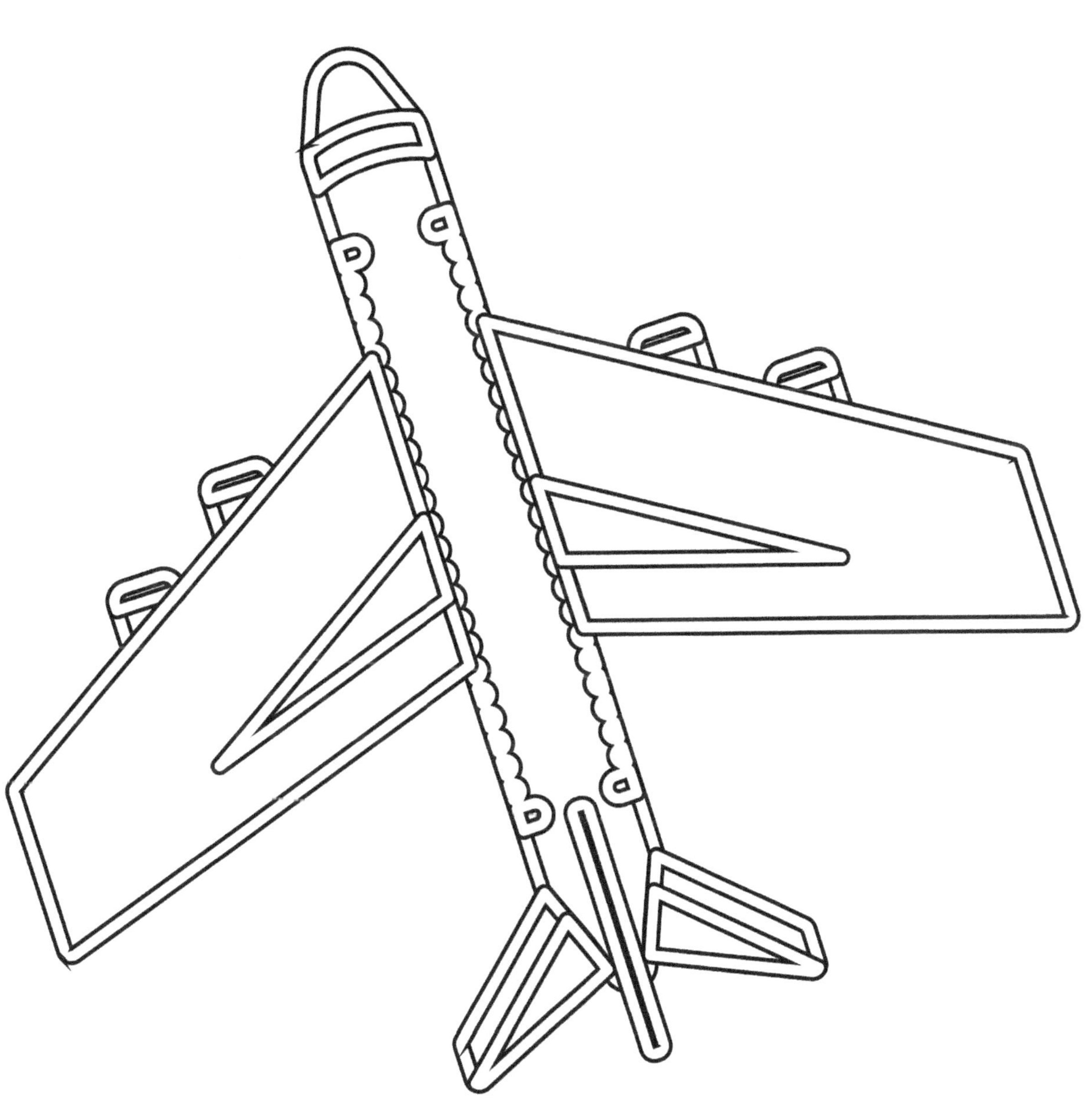

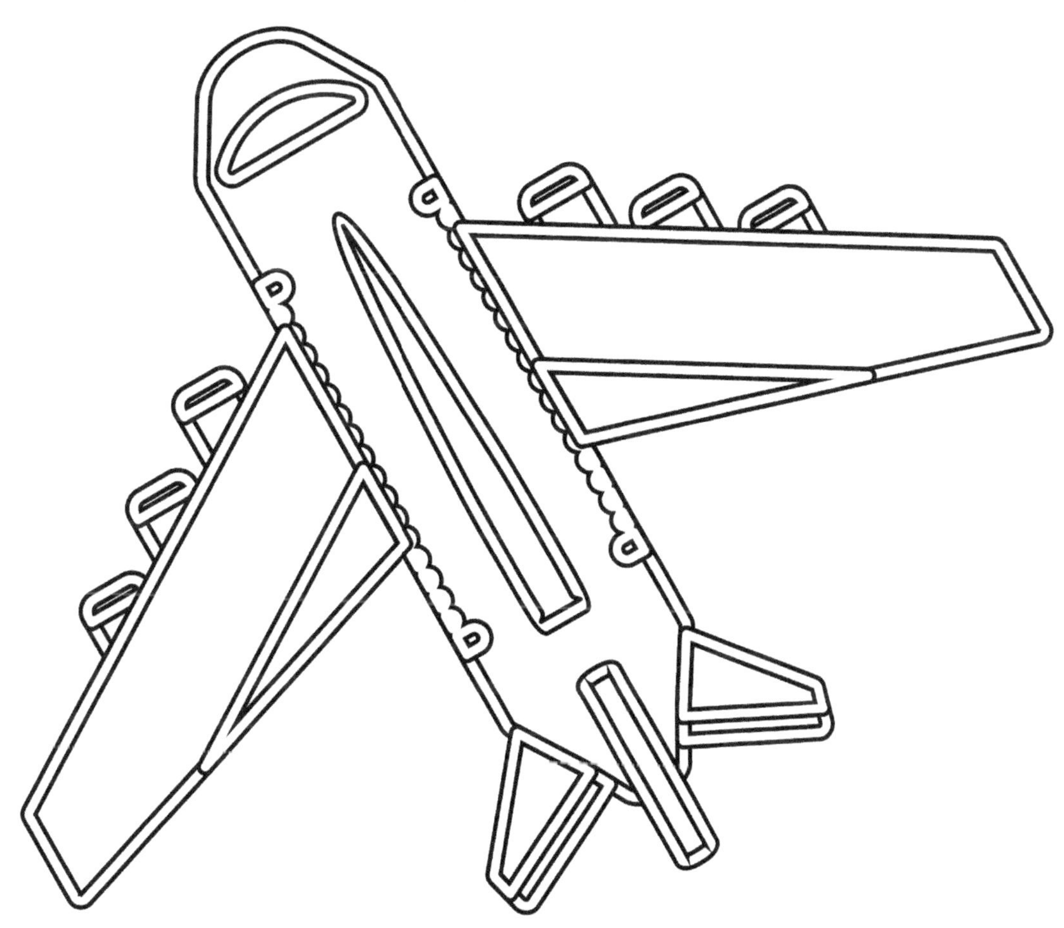

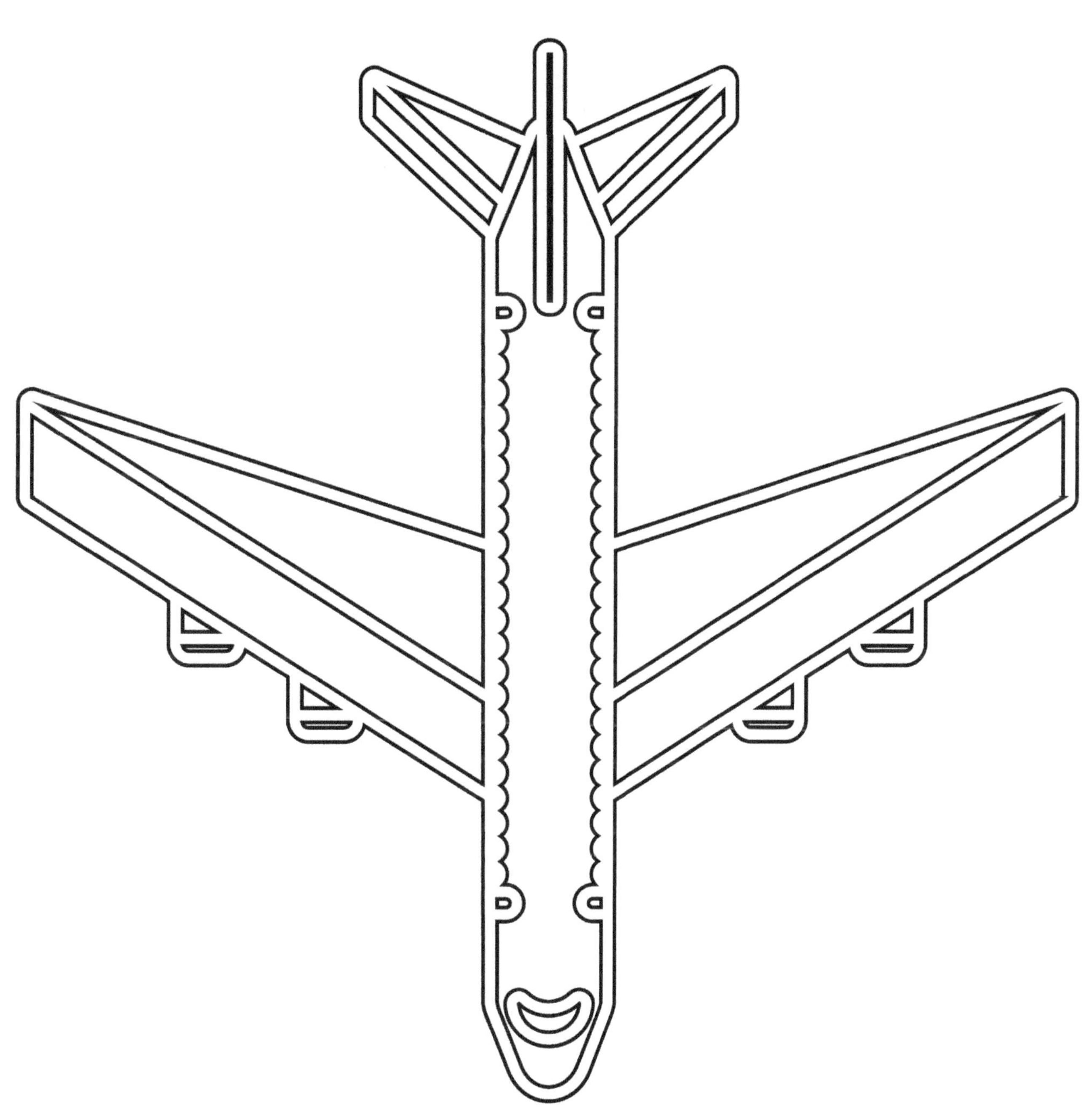

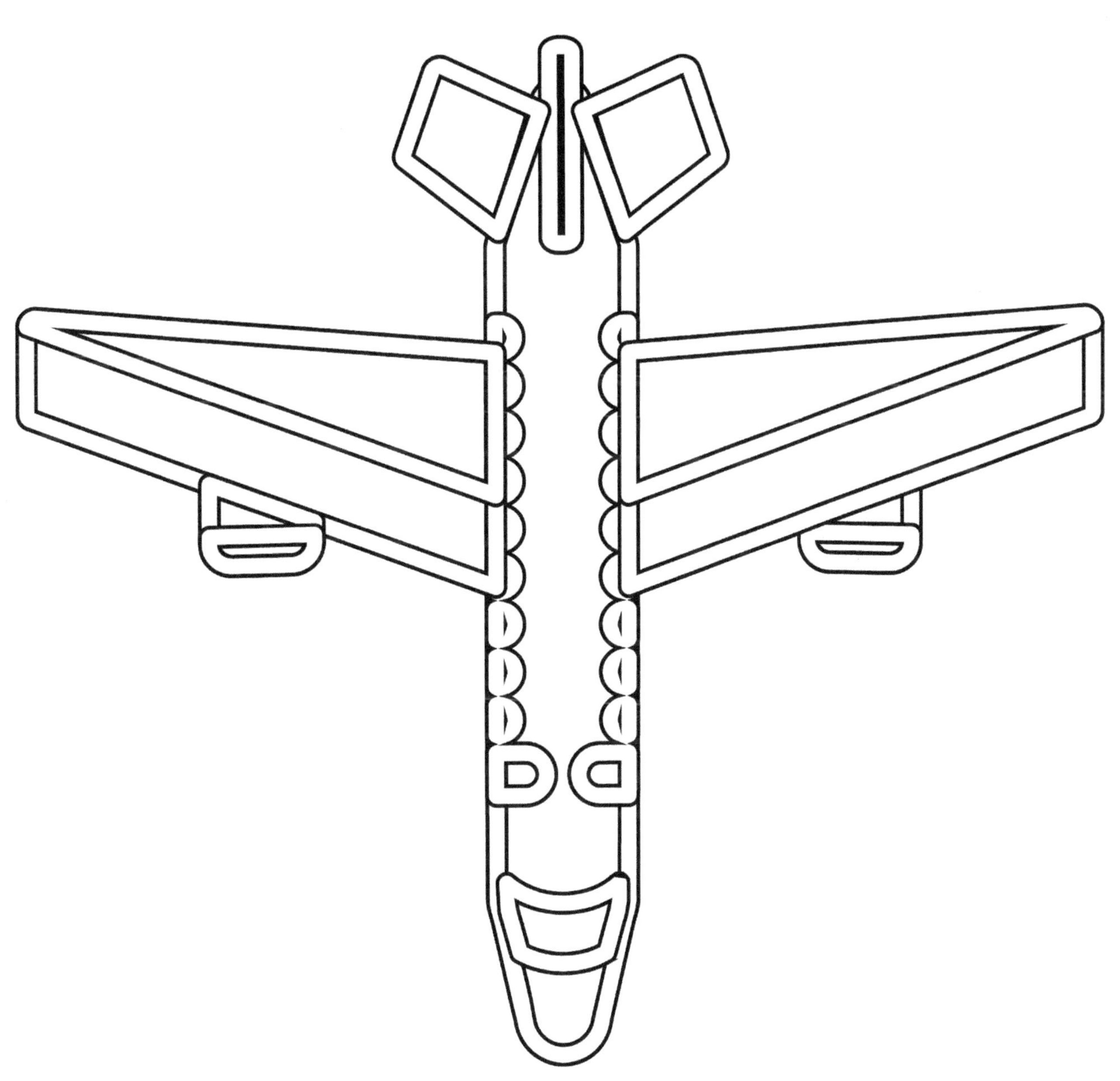

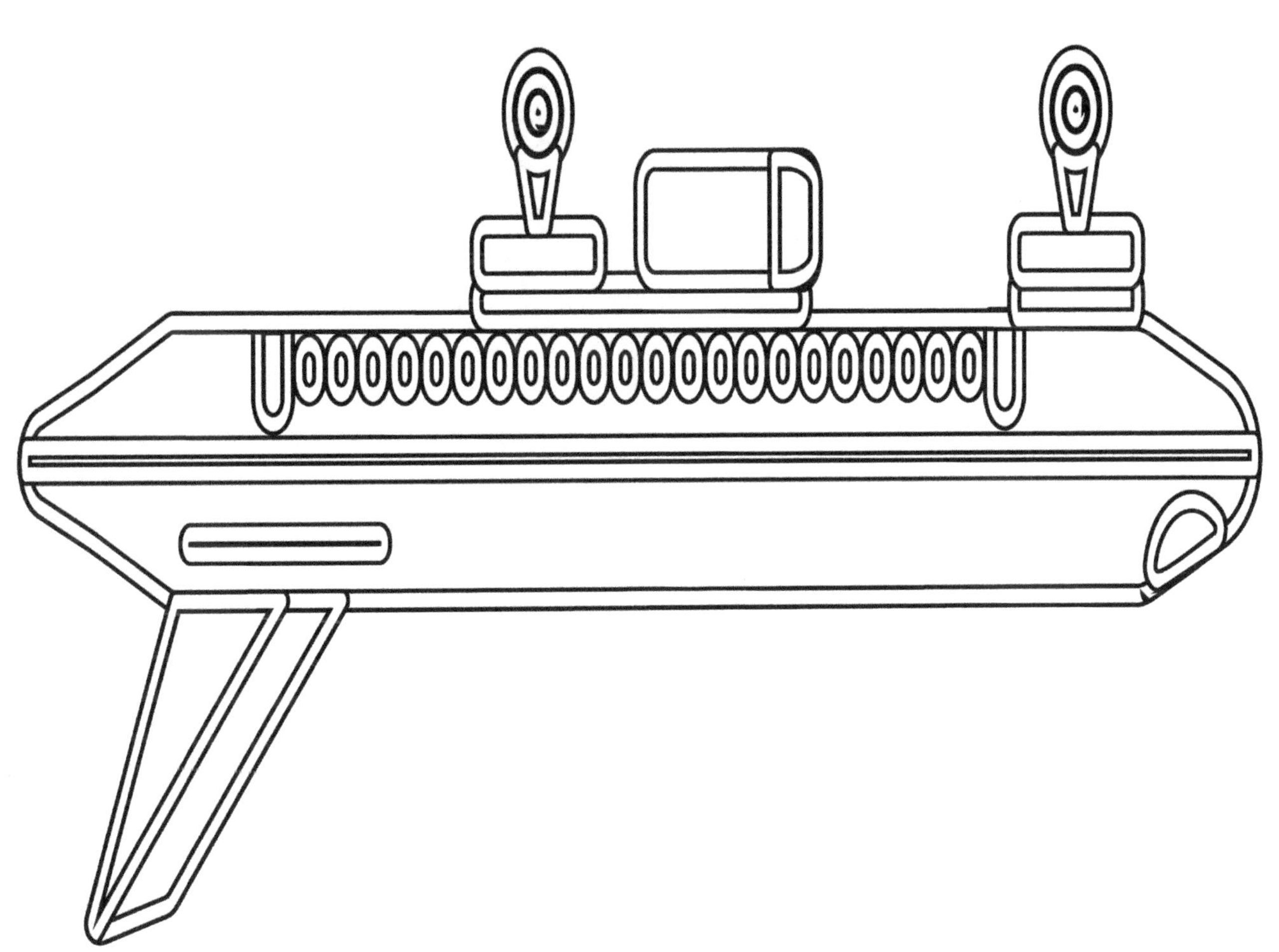

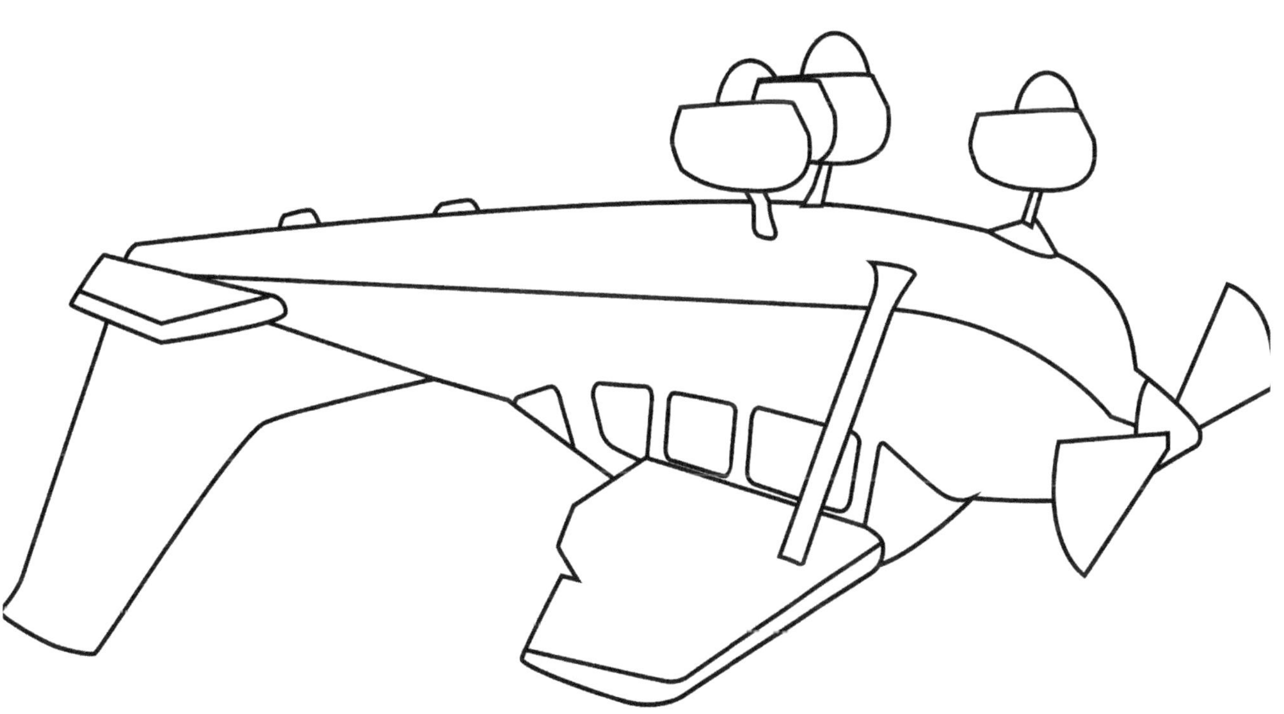

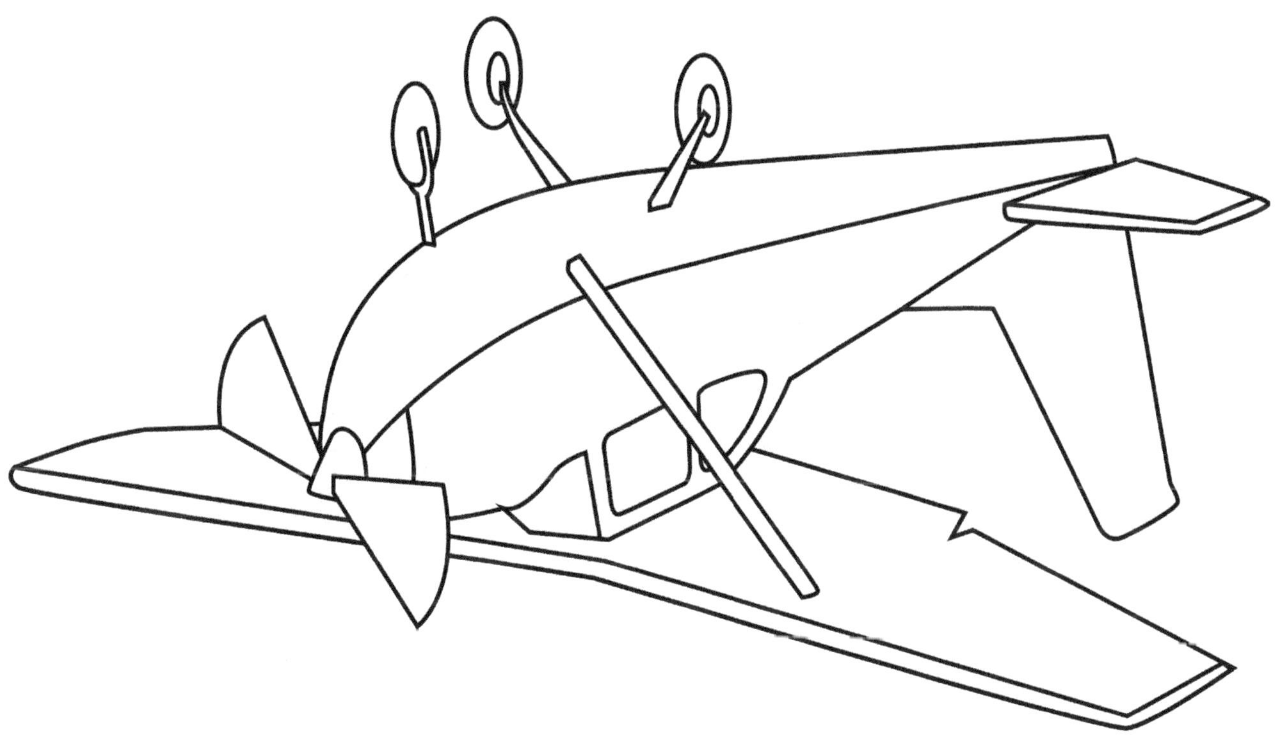

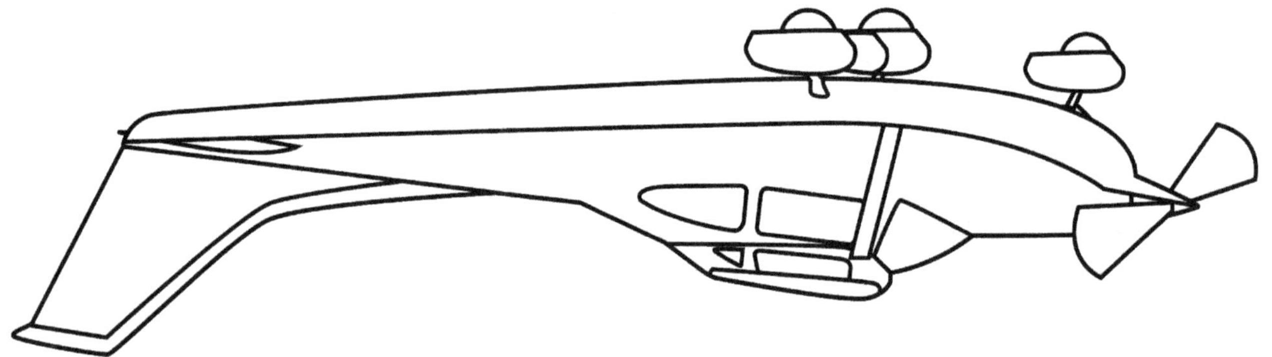

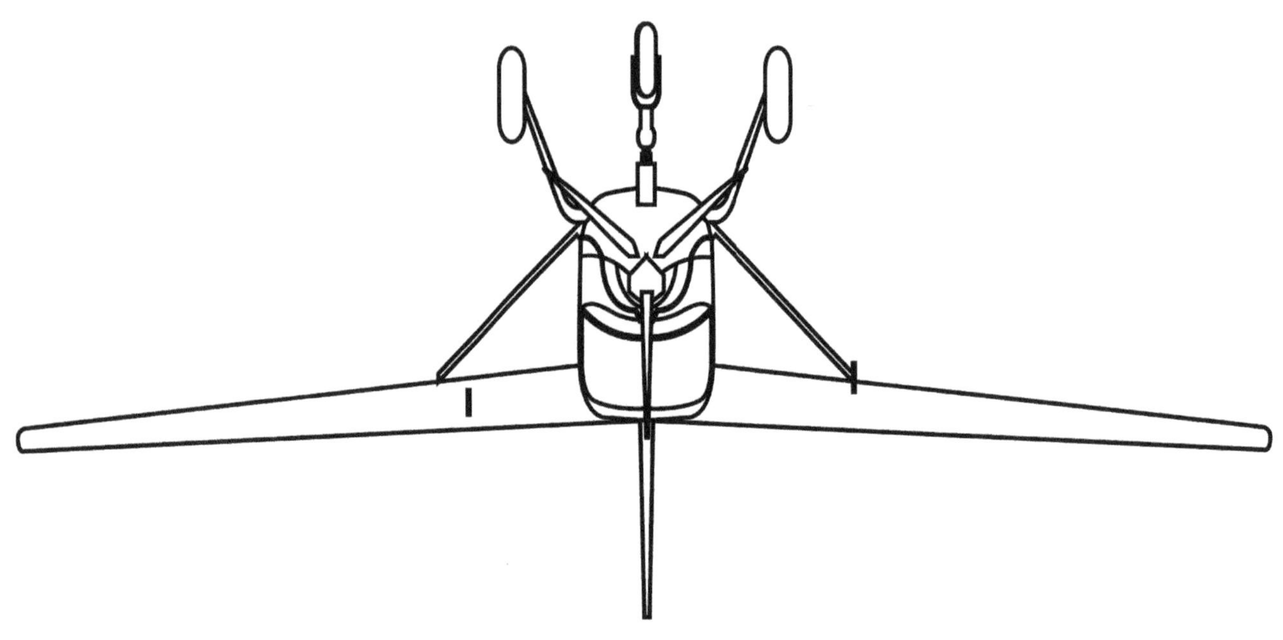

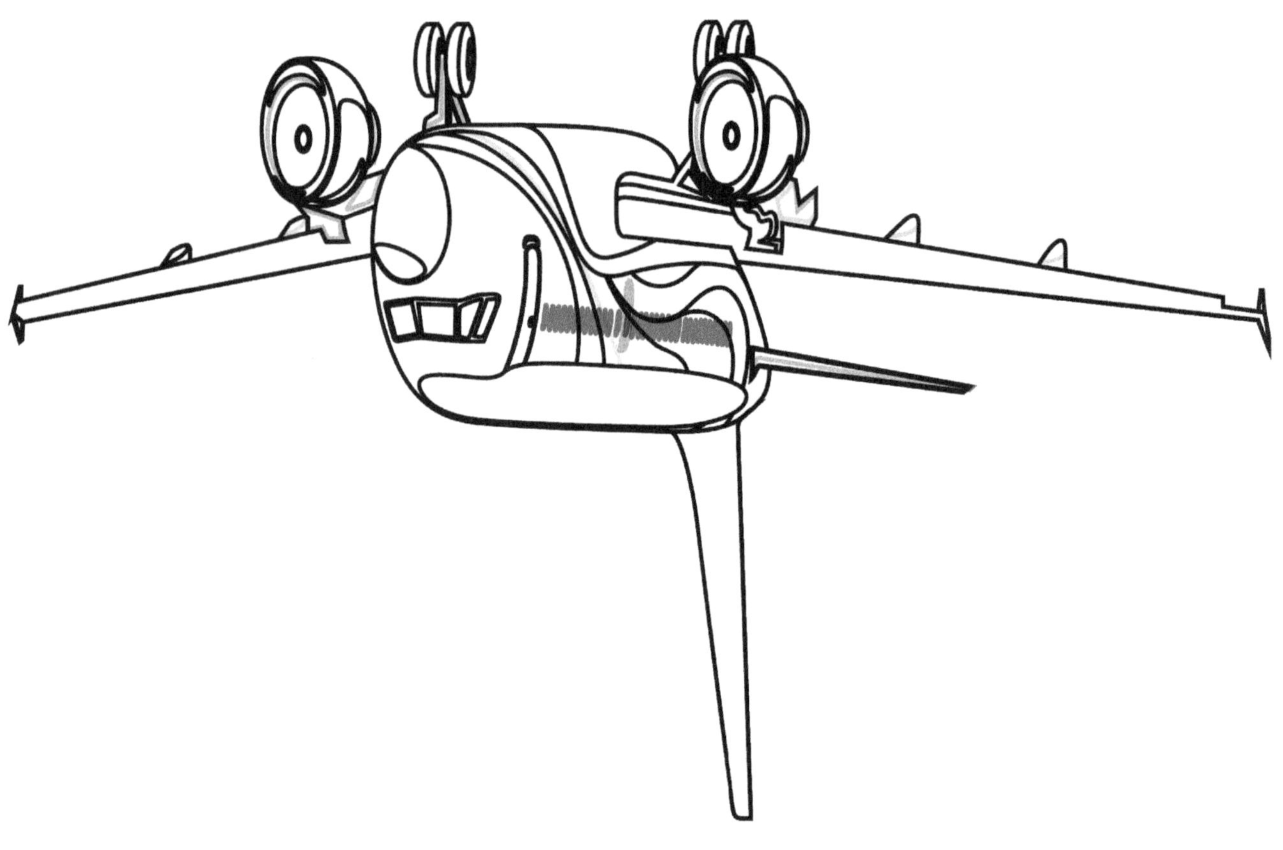

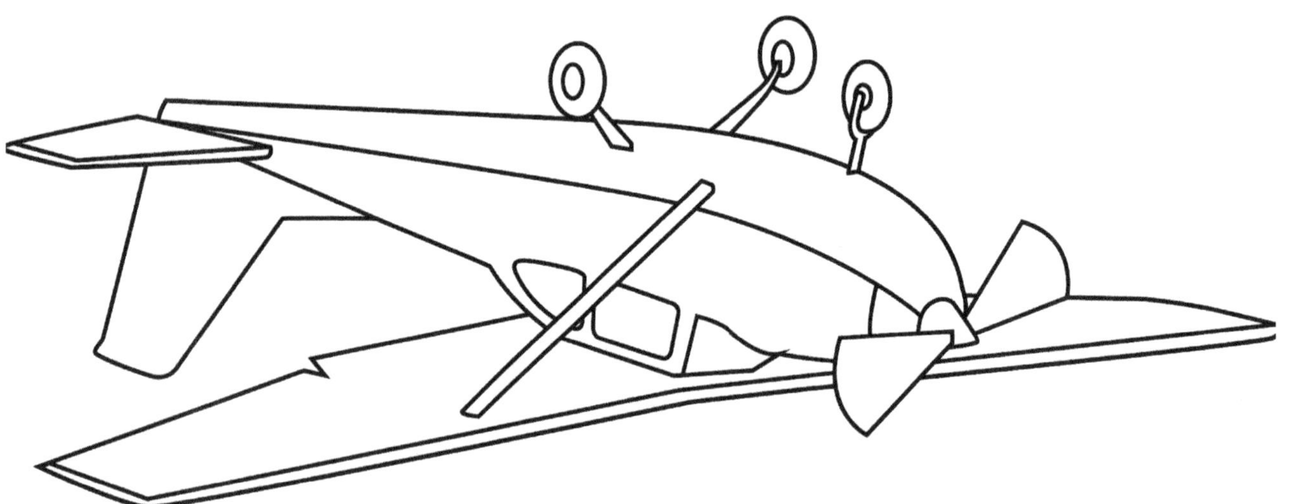

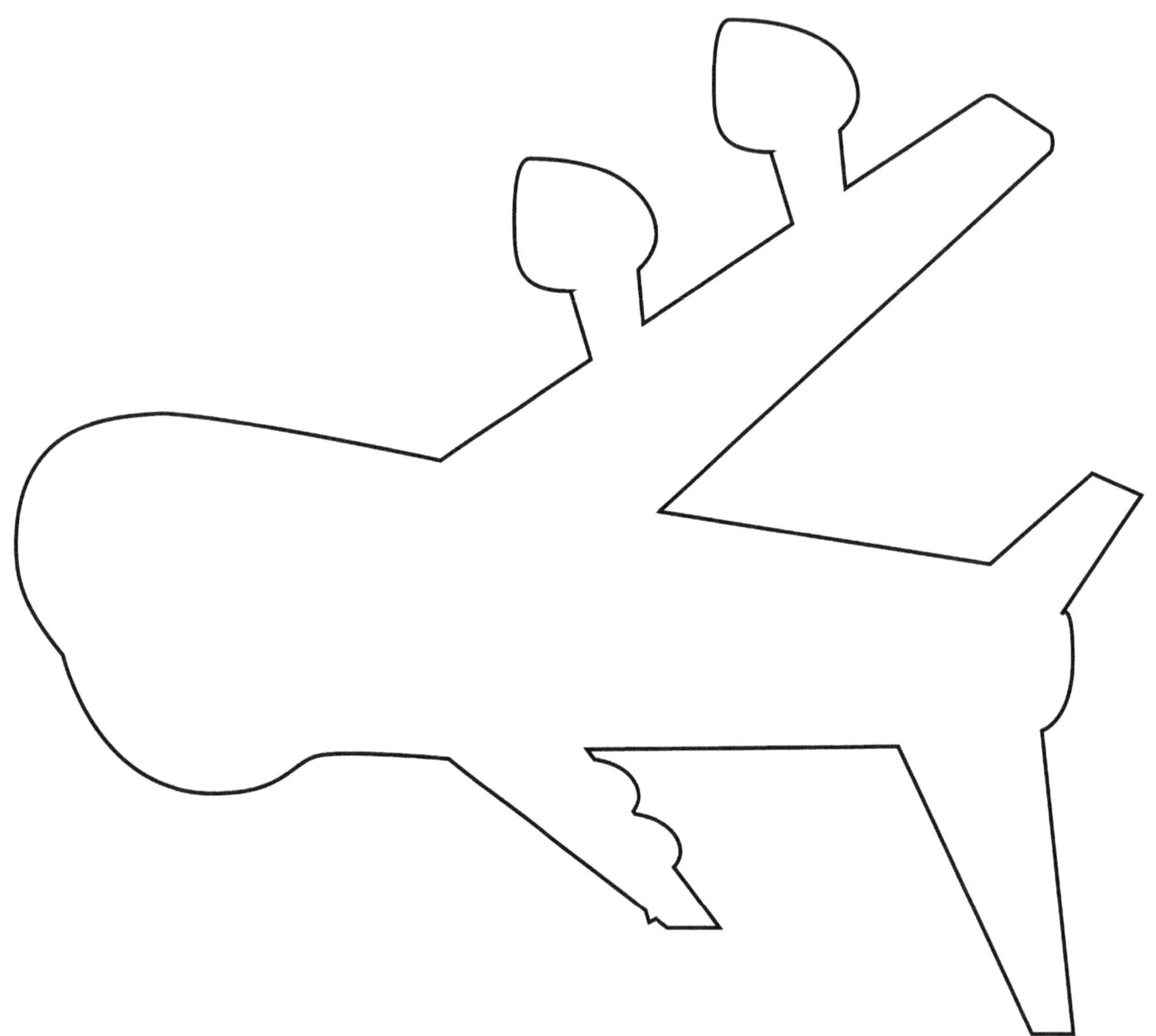

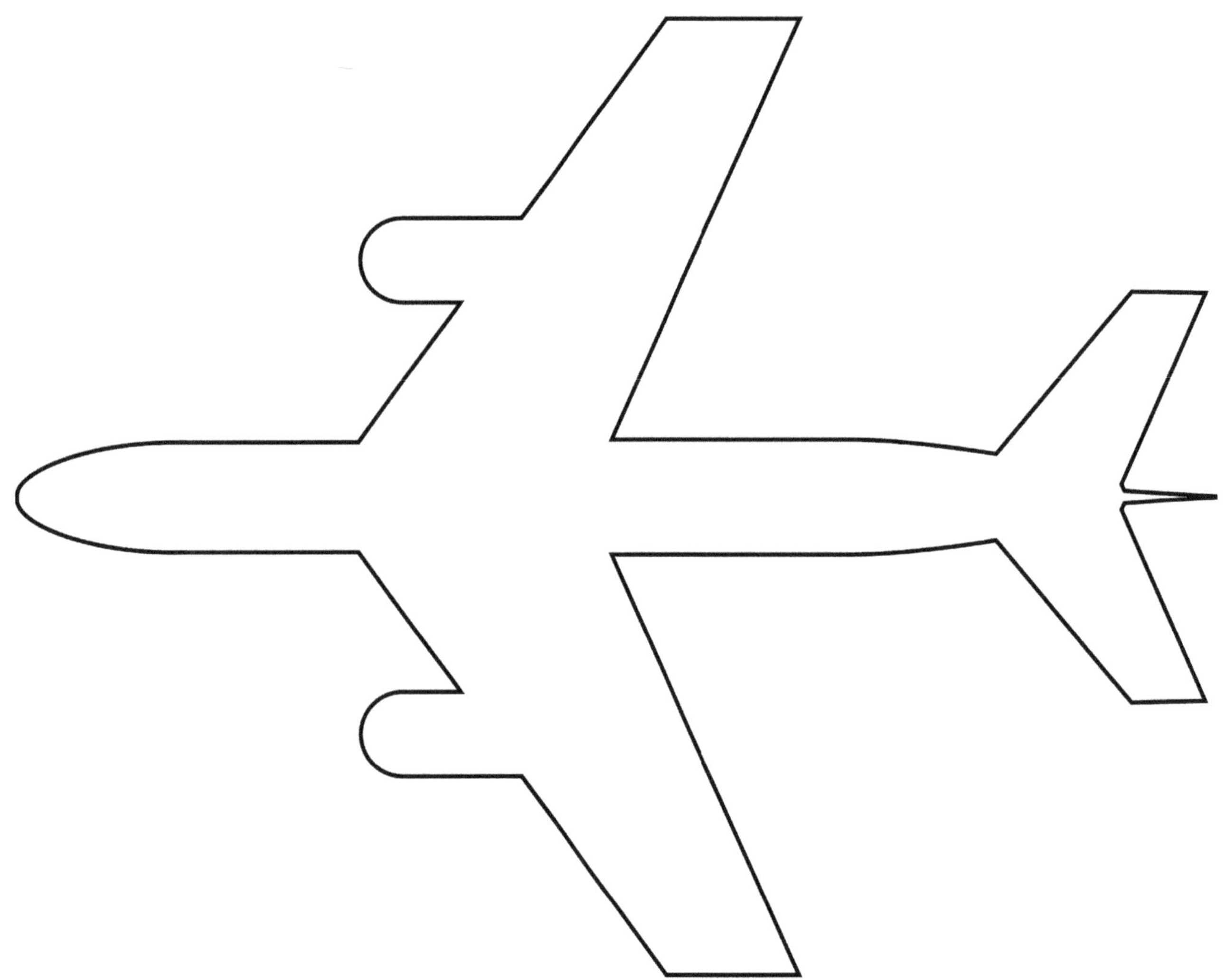

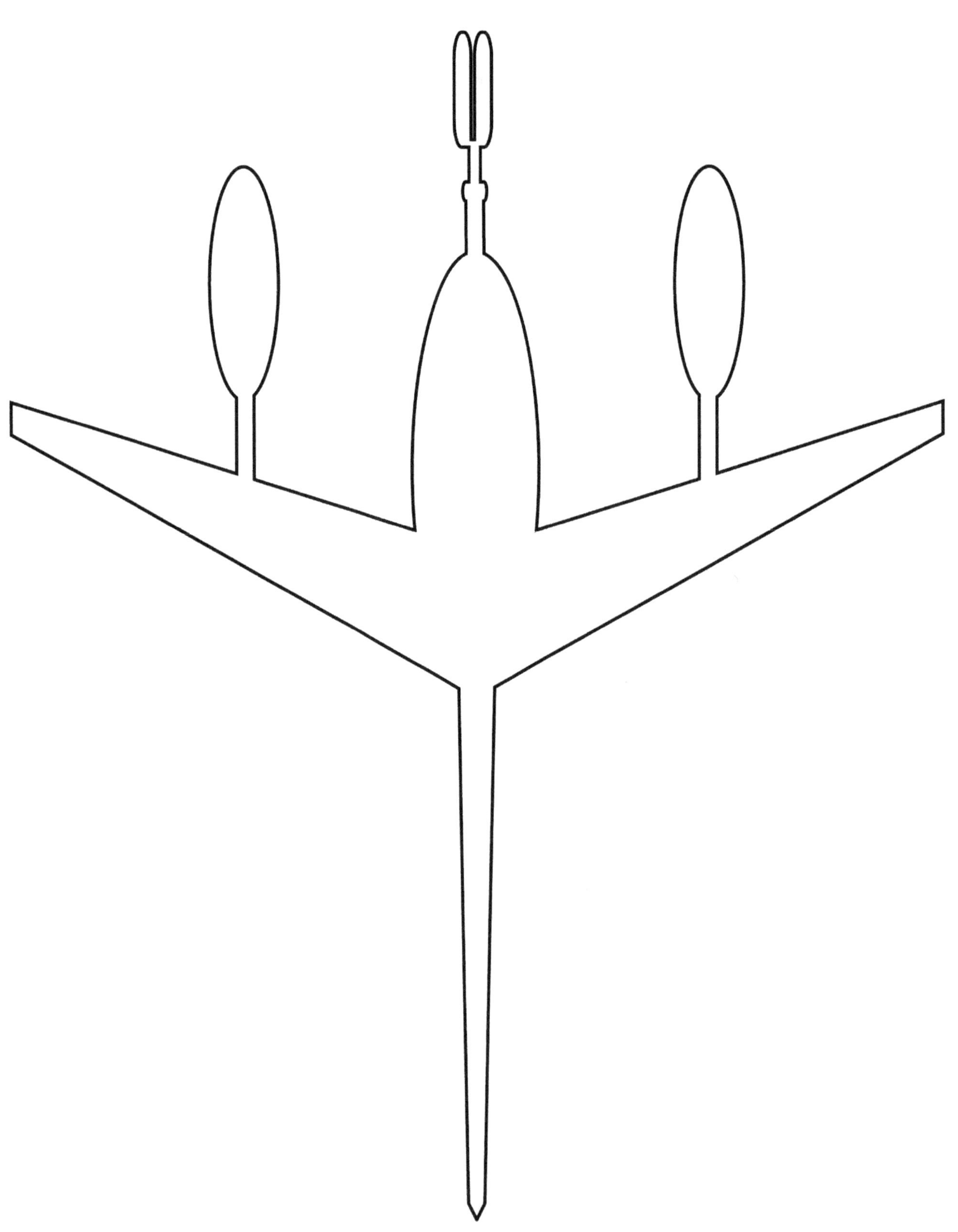

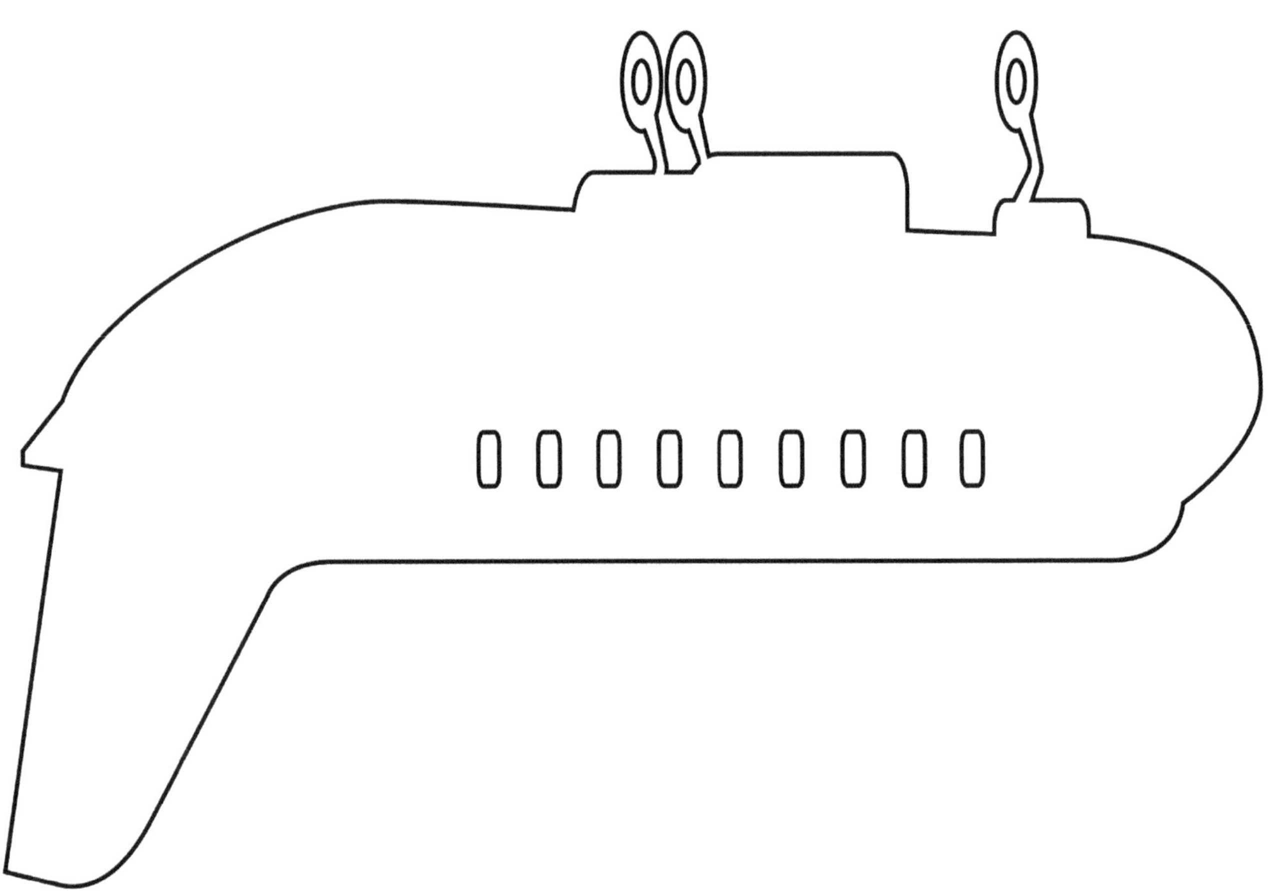

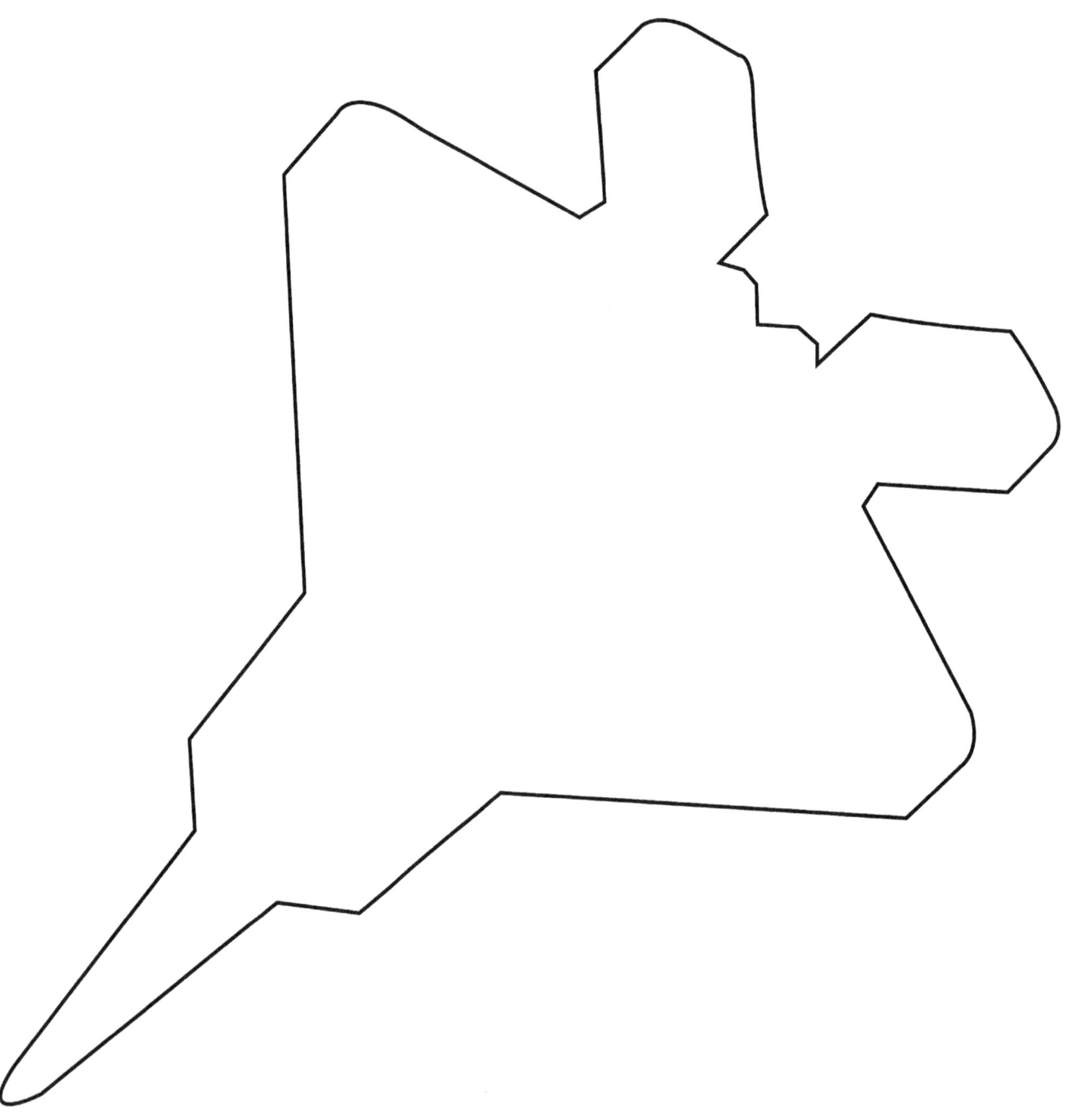

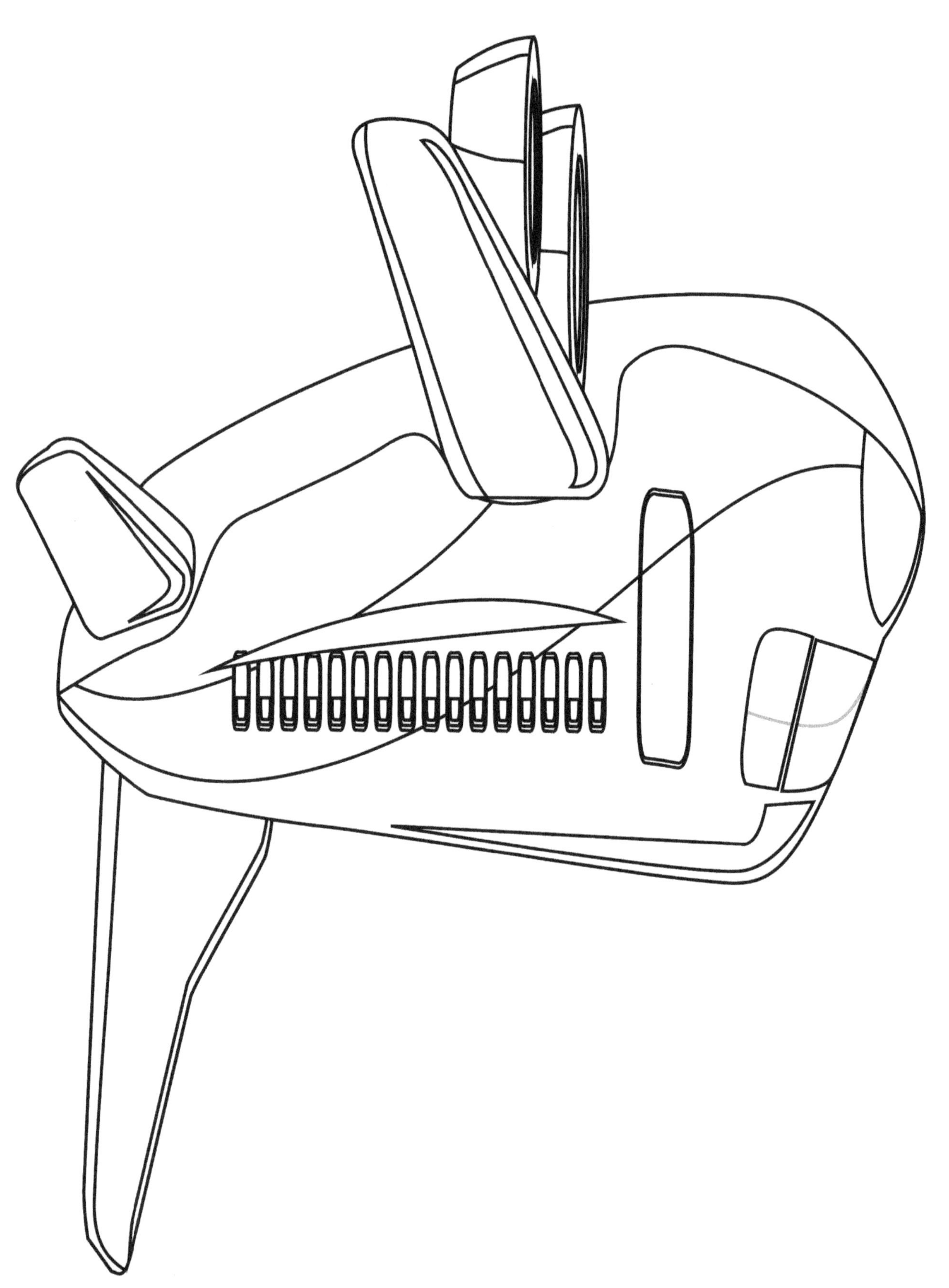